Taliesin

Die Geschichte und die Lieder eines Barden-Druiden

Kontakt: www.HarryEilenstein.de / Harry.Eilenstein@web.de

Impressum: Copyright: 2011 by Harry Eilenstein – Alle Rechte, insbesondere auch das der Übersetzung, vorbehalten. Kein Teil des Buches darf ohne schriftliche Genehmigung des Autors und des Verlages (nicht als Fotokopie, Mikrofilm, auf elektronischen Datenträgern oder im Internet) reproduziert, übersetzt, gespeichert oder verbreitet werden.

Herstellung und Verlag: BoD - Books on Demand, Norderstedt

ISBN: 9783752627763

Inhaltsverzeichnis

I Der Barde-Druide Taliesin

Der Name Taliesin bedeutet „strahlende Stirn". Dies kennzeichnet ihn als jemanden, der Magie ausübt, da in einigen keltischen Überlieferungen wie z.B. dem „Stierraub von Cuailgne" beschrieben wird, daß die Stirn eines Mannes, der in sich die Kampf-Ekstase weckt, zu leuchten beginnt. Man wird dieses Leuchten wohl dem Erwachen des Stirnchakras, das auch „Drittes Auge" genannt wird, gleichsetzen können, da dieses Chakra u.a. im Yoga die Funktion der Durchsetzung des eigenen Willens im Außen durch Worte, Taten und Magie hat.

Taliesin bedeutet daher etwas freier übersetzt „Magier" und „der mit dem erwachten Dritten Auge". Dieses erwachte Dritte Auge ist auch das Merkmal des indischen Gottes Shiva, der wie der keltische Cernunnos-Schamane dasitzt und meditiert und die Kundalini erweckt und der auch der Gott der magischen Fähigkeiten ist.

Es ist daher denkbar, daß Taliesin ursprünglich genauso wie „Myrrdin" (Merlin) kein Eigenname, sondern ein Titel für einen Druiden gewesen ist, der ein besonders fähiger Magier war. Diese Titel könnte auch „Ordensnamen" gewesen sein, also Namen, die die Barden/Druiden bei ihrer Einweihung erhielten – so hießt z.B. Taliesin vor seiner Einweihung „Gwion".

Taliesin trug den Beinamen „Taliesin Ben Beirda", d.h. „Taliesin, König der Barden". Möglicherweise hat er diesen Beinamen jedoch erst nach seinem Tod erhalten.

Der Unterschied zwischen einem Barden und einem Druiden ist nicht sehr groß: Beide mußten die Überlieferung kennen, beide erlernten die Zaubersprüche und Zauberlieder, beide kannten den Kult und beide hatten eine zentrale öffentliche Stellung. Ein Druide war auch in der Lage, Lieder zu singen und ein Barde war auch in der Lage, Magie auszuüben – wie die Geschichte des Taliesin deutlich zeigt.

Der Druide und der Barde übten ihre Tätigkeit auf derselben Grundlage aus, nur daß der Schwerpunkt des Druiden auf dem Kult und der Magie lag und der Schwerpunkt des Barden auf dem Vortragen der Lieder.

Taliesin ist also ein Barde, der wie die meisten Barden auch die Tätigkeit eines Druiden ausüben kann.

Taliesin hat von ca. 534 n.Chr. bis ca. 599 n.Chr. gelebt. Diese Zahlen sind recht sicher, da er mehrmals von Zeitgenossen erwähnt wird.

In einer Quelle aus dem 16. Jahrhundert wird gesagt, daß er der Pflegesohn des Königs von Ceredigion gewesen sein soll.

Taliesin war der Hof-Barde von mindestens drei Königen:

- Taliesin lebte hauptsächlich am Hof des Königs Urien und seines Sohnes Owain.
- Er lebte auch am Hof des König Brochfael Ysgithrog von Powys und seinem Nachfolger Cynan Garwyn.
- Er lebte weiterhin am Hof von König Elmet.

Da er in Nordengland gelebt hat, wird er Kumbrisch gesprochen gesprochen haben, d.h. auch seine Lieder werden ursprünglich in dieser Sprache verfaßt worden sein.

Seine Lieder zeigen, daß er eine keltisch-christliche Weltanschauung gehabt hat. Er wird ein Barde/Druide gewesen sein, der die alte keltische Weltanschauung mit der neuen christlichen Weltanschauung kombiniert hat – was damals allgemein üblich gewesen ist.

Über den Ort, an dem er begraben worden sein soll, gibt es mehrere Angaben:

- an seinem Geburtsort Ceredigion,
- am Carnedd Llewelyn (der zweithöchster Berg in Wales) und
- in Bedd Taliesin (ein Hügelgrab in Wales).

Die Zeit, in der Taliesin gelebt hat, ist durch viele verschiedene Dinge geprägt worden. Dazu gehören u.a.:

- Ab 430 n.Chr. begannen die Germanenstämme der Angeln, der Sachsen und der Jüten Britannien von Süden und Westen her zu erobern und dort zu siedeln.
- Die Römer haben um 440 n.Chr. endgültig Britannien verlassen.
- Der britische König Uther Pendragon (der Vater von König Arthus) hat um 447 n.Chr. die beiden Angelsachsen-Führer Hengist und Horsa und ihre Heere als Söldner in sein Land eingeladen.
- Um 600 n.Chr. gab es in Großbritannien ca. zwei Dutzend kleine Königreiche, die von fünf verschiedenen Völkern beherrscht wurden:

- Angeln:
  - Bernica (Ost-Northumbria)
  - Ostanglien (Ost-England nördlich von Kent)
  - Mercien (Zentral-England)

- Sachsen:
- Sussex (Südreich)
- Wessex (Westreich)
- Essex (Ostreich)

- Jüten:
- Kent

- Kelten:
- Cornwall
- Deheubarth (Süd-Wales)
- Dyfed (Südwest-Ende von Wales)
- Gwent (Südost-Wales)
- Powys (Zentral-Wales)
- Ceredigion (mittlere Westküste von Wales)
- Eryri (im Norden von Wales, südlich von Gwynedd)
- Gwynedd (Nord-Wales)
- Cymry (Wales und im Norden anschließende Westküste)
- Erchweydd (Ostbereich südlich des Hadrianswalls)
- Llwyfennydd (Westbereich südlich des Hadrianswalls)
- Rheged (Westküste nördlich und südlich des Hadrianswalls)
- Goddeu (nördlich des Hadrianswalls)
- Goddodin (Westküste südlich des Antoniuswalls)
- Ystrad Clud (Ostküste südlich des Antoniuswalls)
- Manaw (Ostküste nördlich und südlich des Antoniuswalls)

- Pikten:
- mehrere kleine Reiche in Schottland (Prydyn)

- Die germanischen Könige wurden teilweise in prunkvollen Schiffsbestattungen beigesetzt, teilweise auch in Hügelgräbern. In dem Schiffsgrab von Sutton Hoo, in dem um ca. 620 n.Chr. ein angelsächsischer König bestattet worden ist, finden sich reiche Schmuck- und Waffenbeigaben, die von der Schmiede- und Goldschmiede-Technik her sehr anspruchsvoll sind.

- Um 700 n.Chr. ist in England das 3200 Verse lange, angelsächsische Beowulf-Epos verfaßt worden, dessen Handlung vor 600 n.Chr. in Dänemark spielt.

- Ab 789 n.Chr. griffen dänische Wikinger Britannien an und siedelten teilweise auch dort.

II Die Überlieferung

II 1. Die Geschichte des Taliesin

Die „Geschichte des Taliesin" („Hanes Taliesin") wurde um ca. 1530 n.Chr. von Elis Gruffyd aufgeschrieben, aber geht bis mindestens 850 n.Chr. zurück.

In dieser Geschichte trug Taliesin am Anfang noch nicht seinen Barden/Druiden-Namen, sondern noch seinen Kinder-Namen „Gwion Bach" („Kleiner Gwion"). Der Name „Gwion" leitet sich von „Gwyon" für „der Helle, der Heilige" her. Dies ist eine typische Bezeichnung des Sonnengott-Göttervaters bei den West-Indogermanischen und somit auch bei den Kelten. Es ist also denkbar, daß ein Teil der Geschichten des Taliesin auf die alten keltischen Sonnengott-Mythen zurückgehen – so ähnlich wie bei dem Helden Cú Chulainn aus dem irisch-keltischen National-Epos „Der Rinderraub von Cuailgne": Cú Chulainn ist der Sohn des Sonnengottes Lugh.

Der Name „Gwion" (= „Heller, Heiliger") ist dem Namen „Taliesin" (= „Leuchtende Stirn") sehr ähnlich. Vermutlich bezieht sich dieser Name auch auf die Sonne – bei den Germanen ist die Sonne als das Haupt des Sonnengott-Göttervaters Tyr angesehen worden, der griechische Sonnengott Apollon trägt eine Sonnenkrone, die Sonne wurde als Auge des Göttervaters angesehen usw.

Auch die „helle Stirn", auf die der Name „Taliesin" hinweist, könnte solch ein Sonnen-Name sein. Falls dies zutreffen sollte, wären „Gwion" und „Taliesin" zwei Namen, die den Barden vor und nach seiner Einweihungs-Jenseitsreise bezeichnen – und zuvor den Sonnengott vor und nach seiner nächtlichen Jenseitsreise.

Die Druiden/Barden scheinen generell recht eng mit dem Sonnengott verbunden gewesen zu sein, wie sich u.a. an ihren Namen zeigt:

- Mogh Ruith = Großes Rad = Sonne
- Lucet Mael = Mann des Sonnengottes Lugh
- Lamhderg   = Lange Hand = Lugh
- Findgoll   = Enkel des Weisen = Enkel der Sonne
- Guénolé   = weißer Ring = Sonne
  usw.

II 2.   Das Buch des Taliesin

Von den 61 Liedern in dem „Buch des Taliesin" („Llyfr Talieisin") stammen nur 12 Lieder aus der Zeit des Taliesin, da sie Königen aus seiner Zeit gewidmet sind und ihr Stil altertümlich ist. Sie werden daher einigermaßen sicher auch tatsächlich von Taliesin verfaßt worden sein.
   Diese 12 Lieder sind:

> - die 8 Lieder an Urien von Rheged,
> - die 2 Lieder über Gwallawg von Lleenawg
> - die 2 Todeslieder an Owain und an Madawg

   Es ist jedoch durchaus denkbar, daß noch weitere Lieder von Taliesin stammen – aber das ist bei so alten Quellen meist nicht mehr sicher feststellbar.
   Die älteste erhaltene Sammlung dieser Lieder stammt von ca. 1320 n.Chr. Der Name „Buch des Taliesin" ist erst um ca. 1650 entstanden.
   Bei all diesen Liedern ist es auch denkbar, daß ihrem Niederschreiben eine längere mündliche Tradition vorausging. Sie könnten auch Bearbeitungen, Ergänzungen oder Umformungen älterer Lieder sein, die wiederum zum Teil Werke des Taliesin sein könnten. Auch Taliesin selber könnte durchaus auf ältere (mündliche) Überlieferungen zurückgegriffen haben.
   In aller Regel lassen sich nur zwei Dinge rekonstruieren: zum einen das Datum der ältesten bekannten Niederschrift des Textes und zum anderen die mythologischen Wurzeln, aus denen heraus ein Text entstanden ist.

   Die 61 Lieder aus dem „Buch des Taliesin" kann man wie in der folgenden Übersicht gruppieren, wobei es einige Doppelzählungen gibt. Zudem ist es bei einigen Liedern unklar, wo ein Lied endet und wo das nächste beginnt. Daher schwankt die Anzahl der Lieder je nach der vorgenommenen Einteilung zwischen 57 und 61 Liedern.

>   8 Loblieder an Urien Rheged
> 12 Lieder des Taliesin
> 20 Loblieder allgemein
>   7 Todeslieder
>   8 Lieder mit vielen keltischen Elementen
>   9 Weissagungen
>   3 philosophische Lieder
>   3 antik-historische Lieder
> 10 vorwiegend christliche Lieder

Die Loblieder an Urien stammen recht sicher von Taliesin.

Vier weitere Lieder stammen ebenfalls recht sicher von Taliesin.

Die Loblieder, die nicht an Urien gerichtet sind, könnten von einem anderen Barden stammen – evtl. jedoch auch von Taliesin.

Das Todeslied ist eine keltisch-germanische Tradition und könnte daher sowohl von einem keltischen Barden als auch von einem germanischen Skalden stammen.

Weissagungen sind von fast allen Völkern einschließlich der Kelten, Germanen und Christen bekannt.

Die philosophischen Lieder können Wurzeln in allen drei britischen Kulturen (keltisch, germanisch, christlich) haben.

Der Ursprung der christlichen Lieder liegt eher direkt im Christentum als bei teilweise bekehrten keltischen Barden oder germanischen Skalden – doch sicher ist das nicht.

Wenn man die Anordnung der Lieder im „Buch des Taliesin" betrachtet, werden einige Blöcke von gleichen Liedern deutlich. Derartige Anordnungen sind schon früh üblich gewesen – sie finden sich auch bei den Liedersammlungen der Germanen und selbst schon in den Pyramidentexten der Ägypter … das Bedürfnis nach der Herstellung einer sinnvollen Ordnung hat es schon immer gegeben.

Aus dieser Anordnung läßt sich schließen, daß die markanten Blöcke von ähnlichen Liedern aus einzelnen älteren Traditionen stammen und dann später zusammen mit weiteren Einzelliedern zu dieser Liedersammlung zusammengefügt worden sind.

In der Sammlung befinden sich drei solcher Lied-Blöcke:

> 4 Loblieder
> 9 Lieder des Taliesin an Urien (das vorletzte Lied in diesem Block ist
>   nicht an Urien gerichtet)
> 7 Todeslieder

Daraus ergibt sich die folgende wahrscheinliche Entstehungsgeschichte dieser Liedersammlung:

Phase 1: Vermutlich sind die vier Lieder des Taliesin an Urien plus das neunte Lied des Taliesin der älteste Liederblock, der den ältesten Kern dieser Liedersammlung bildet (Lied 31-39).

Phase 2: Dazu ist dann wahrscheinlich schon recht früh der Block der vier Loblieder hinzugefügt worden (Lied 18-21). Sie sind Teil einer Gruppe von neun nah beieinander stehenden Lobliedern (Lied 12-25), die jedoch mit anderen Liedern vermischt sind – ein zehntes Loblied folgt dann noch als Lied 38. Wahrscheinlich ist diese Gruppe bereits eine Sammlung von 9 Lobliedern und 5 anderen Liedern (Lied

12-15) gewesen, als sie zu den Liedern als Urien hinzugefügt worden sind – warum das zehnte Loblied so weit von den anderen Lobliedern entfernt steht, ist unklar.

Phase 3: Die drei anderen Lieder, die vermutlich von Taliesin verfaßt worden sind, stehen immerhin so nah beieinander (Lied 38, 41, 44), daß sie als Teil einer weiteren Sammlung dem allmählich entstehenden „Buch des Taliesin" hinzugefügt worden sein könnten.

Phase 4: Die acht Todeslieder werden ebenfalls aus einer alten Tradition stammen und schon recht früh als Ergänzung an die Taliesin-Liedern angehängt worden sein.

Phase 5: Die Weissagungen, die philosophischen Lieder und die christlichen Lieder sind vor allem Einzellieder, aber z.T. aber auch kleine Gruppen von zwei oder drei Liedern, was für eine spätere Hinzufügung als einzelne Lieder spricht.

Der „Stammbaum" des „Buch des Taliesin" könnte also ungefähr wie in der folgenden Übersicht dargestellt aussehen. Die zwölf Lieder, die wahrscheinlich von Taliesin selber stammen, sind dunkelgrau hinterlegt.

Die vermutliche Entstehung des Buches des Taliesin					
7 Lieder an Urien	8 Taliesin-Lieder		17 Lieder	32 Lieder	61 Lieder
1 Taliesin-Lied					
2 Talisin-Lieder	8 Todeslieder	9 Lieder			
6 Todes-Lieder					
1 weiteres Lied					
2 Taliesin-Lieder	9 Loblieder	14 Lieder	15 Lieder		
7 Loblieder					
5 andere Lieder					
1 Loblied					
29 meist einzelne christliche, antike und philosophische Lieder					

II 3. Kurze Texte

Taliesin tritt wie Merlin in vielen späteren Texten (vor allem aus dem Mittelalter) auf, die alte Themen aufgegriffen und oft auf vielfältige Weise umgeformt haben.

III Die Geschichte des Taliesin

Vor langer Zeit lebte auf einer Insel in Penllyn[1] ein Mann namens Tegid Voel[2] und sein Haus stand auf einer Insel inmitten des Sees Tegid[3]. Seine Frau wurde Cerridwen[4] genannt. Ihre Kinder waren Creidwy und Morfan.

Creidwy wuchs zu einer schönen und lieblichen Maid heran, aber ihr Bruder war so häßlich, daß er nur „Afagddu" genannt wurde, was „tiefste Finsternis"[5] bedeutet. Er hatte einen behaarten Körper wie ein Hirsch[6] und ein rauhes, abscheuliches Benehmen. Das bekümmerte seine Mutter Cerridwen sehr, da er so nicht unter edlen Männer zugelassen werden würde – das war die Zeit, in der die Tafelrunde des Artus begann.

So beschloß sie, entsprechend den Künsten, die in dem Buch des Fferyllt[7] standen, einen Trank zu brauen, der ihm als Ausgleich für sein abstoßendes Äußeres Weisheit und Inspiration schenken sollte.[8]

Der Trank mußte ein Jahr und einen Tag[9] kochen und zu vorgeschriebenen Zeiten mußten bestimmte Kräuter gepflückt und hinzugefügt werden. Nach dieser Frist sollten die „drei Tropfen der Inspiration"[10] nach dem Willen Cerridwens ihren Sohn zum

---

1   Penllyn: Ort an der mittleren Westlüste von Wales

2   Tegid Voel („Tegid der Kahlköpfige"): Seine Kahlköpfigkeit könnte ein Hinweis darauf sein, daß er ein Druide gewesen ist.

3   Tegid: größter See in Wales, er liegt in Zental-Wales

4   Cerridwen („schöne, heilige Frau"): ein keltisch-walisischer Name der Muttergöttin – Der Name „Cerridwen" könnte auch schlicht „Frau (wen) des Kessels (cerru)" – sie wird durch diesen Namen als die Göttin des Kessels, also als die Göttin der Wiedergeburt (Kessel = Gebärmutter) gekennzeichnet.

5   Afaggdu: Dieser Name könnte ein Hinweis auf die Sonne in der nächtlichen und daher (finsteren) Unterwelt sein. Das würde dazu passen, daß seine Mutter die Mutergöttin ist, die am Morgen die Sonne wiedergebiert.

6   Gibt es hier einen Zusammenhang zu der Hirsch-Gestalt des Cernunnos und des Merlin?

7   Fferyllt: Zaubertrank-Kunst, Wiedergeburt im Jenseits, also die Kunst des Brauen des Ritual-Trankes, der die Wiedergeburt geben soll (wie der germanische Met, der griechische Nektar ambrosia, das indische Soma amrita, das persiche Haoma usw.)

8   Weisheit und Inspiration als Wirkung des Trankes sind eine Umdeutung der Wiedergeburt – die rituelle Wiedergeburt gab als „Nebenwirkung" auch Weisheit. Eine andere beliebte keltisch-germanische Umdeutung der Wirkung des Trankes ist die dichterische Inspiration. Der Entschluß der Cerridwen, ihrem Sohn Weisheit und Inspiration zu geben, ist eine Umdeutung des „Entschlusses" der Erd- und Muttergöttin, am Morgen die Sonne wiederzugebären.

9   ein Jahr und ein Tag: ein vollständiger Zyklus, der aus dem Tod und der Wiedergeburt des Sonnengott-Göttervaters besteht (Kelten: Dagda/Nuada)

10 Die Zahl „3" weist auf einen Zusammenhang mit der Sonne hin, da ihr Lauf und ihr

Weisen und Zauberer machen. Der Rest der Flüssigkeit in dem Kessel würde aber zu einem tödlichen Gift werden.[11]

Cerridwen stellte einen alten blinden Mann mit dem Namen Morda[12] *(Tod) und seinen jungen Schützling Gwion Bach*[13] *an, um den Tank zu rühren, während sie selbst auf Kräutersuche war.*

Gwion schürte das Feuer und wechselte sich mit dem Alten an Cerridwens Kessel ab.[14] *So vergingen die Monde und es nahte der Tag, an dem der Zaubertrank fertig werden sollte. Lange hatte Cerridwen den Trank gebraut und war weit gewandert, um die seltenen und fremdartigen Kräuter zu sammeln, die sie für ihn benötigte. Schließlich hatte Cerridwen die letzten Kräuter hinzugefügt und ging ihren Sohn Afagddu holen.*

Da blubberte das Gebräu plötzlich auf und drei Tropfen spritzten auf Gwions Hand. Schnell leckte er sie ab, um seine Finger zu kühlen. Ab diesem Augenblick konnte er alles in der Welt hören und verstand mit einem Mal alle Geheimnisse der Vergangenheit, der Gegenwart und der Zukunft – und wußte sofort, daß Cerridwen sehr wütend werden würde, wenn sie bemerkte, daß er die drei Tropfen geschluckt hatte.[15]

Zyklus bei den Indogermanen und vielen anderen eurasiatischen Völkergruppen durch die „3" symbolisiert wird. – Die drei Tropfen, die Gwionn bzw. Fionn versehentlich schluckte, haben bei den Germanen eine Parallele in den drei Zügen, in denen Odin die drei Metgefäße der Gunnlöd austrinkt und sich danach in einen Adler (Seelenvogel) verwandelt.

11 Inspiration und Gift: Tod und Leben, Sterben und Wiedergeburt – eine Erinnerung an die ursprüngliche Zaubertrank-Mythe der Wiedergeburt des Sonnengott-Göttervaters

12 Morda („Tod"): der alte, am Abend sterbende Sonnengott-Göttervater sowie dieser Gott anschließend in der nächtlichen Unterwelt (Kelten: Nuada = „Wasserunterwelt-Gott") – Wahrscheinlich geht auch Afagddu wie Morda letztlich auf den sterbenden Gott, die Toten und die Schamanen zurück, die im Jenseits wiedergeboren werden und sich dabei erneuern und somit auch „verschönern" – und folglich vorher „häßlich" gewesen sind.

13 Gwion Bach („der junge Helle/Strahlende"): der junge, am Morgen wiedergeborene Sonnengott-Göttervater sowie dieser Gott am Tageshimmel (Kelten: Dagda = „Tages/Licht-Gott") – Eine frühere Form dieses Namens ist Fionn. Auch Fionn, der in noch früheren Zeiten Demna hieß, erlangte in den keltisch-irischen Sagen unverhofft die Weisheit und die Fhirinne (Richtigkeit, Inspiration): Er wachte als Helfer des Fintan über das Kochen des „Lachses der Weisheit", wobei ihm einige Fetttropfen auf den Daumen spritzen, den er vor Schmerz sofort in seinen Mund steckte und so die Fhirinne erlangte und nun in „Fionn", also in „der Schöne/Gesegnete" umbenannt wurde.

14 Aus dem magischen Kessel wurde später in der ritterlich-höfischen Literatur der Heilige Gral, der auch als das Gefäß aufgefaßt wurde, in dem Christi Blut aufgefangen wurde, daß ihm nach dem Lanzenstich am Kreuz aus der Seite floß. Der Gral ist symbolisch auch eng mit dem Abendmahlskelch verbunden.

15 Gwion ist jetzt wie der Sonnengott-Göttervater und „sieht und hört alles". Dies entspricht dem „alles hören" des germanischen Tyr-Heimdall und dem Sprichwort „Die Sonne bringt es an den Tag.".

Als Cerridwen zurückkam, sah sie sofort, was geschehen war und wurde sehr zornig, denn nun mußte Afagddu häßlich und dumm bleiben. Sie stürzte sich auf Gwion, der hinunter zum Wasser floh.

Um ihr zu entkommen, verwandelte er sich in einen Hasen, aber Cerridwen wurde zu einem Windhund und blieb ihm auf den Fersen. Da verwandelte sich Gwion am Ufer des Sees in einen Fisch und schwamm davon, aber Cerridwen verwandelte sich sofort in einen Fischotter und folgte ihm. Da tauchte Gwion auf und wurde zu einem Vogel, aber Cerridwen wurde zu einem Falken und setze ihm nach.[16]

Da ließ sich Gwion als Weizenkorn zu Boden fallen, mitten in einen Haufen anderer Weizenkörner. Cerridwen verwandelte sich daraufhin in eine Henne und pickte Korn für Korn auf bis sie auch Gwion hinuntergeschluckte hatte.[17]

Dann nahm Cerridwen wieder ihre menschliche Gestalt an. Doch nun trug sie den Samen in sich und neun Monate später gebar sie einen prächtigen Sohn. Noch immer hatte sich ihr Zorn auf Gwion nicht gelegt und sie wollte ihn loswerden.[18]

Er war aber ein so schöner Knabe, daß sie es nicht übers Herz brachte, ihn zu töten. So legte sie ihn in einen harten, fellbezogenen Weidenkorb und setzte ihn auf einem großen See aus.[19]

Er trieb auf dem See dahin, bis er an einem Fischwehr hängenblieb. Das Wehr

---

16 Die Tierverwandlungen stammen aus der jungsteinzeitlichen Wiedergeburtssymbolik, in der sich der Tote bei seiner Wiederzeugung im Jenseits in ein männliches Herdentier und die Jenseitsgöttin in das entsprechende weibliche Herdentier verwandelten. Daraufhin wurde der Tote dann in der Gestalt des entsprechenden Jungtieres wiedergeboren. Aus dieser Symbolik stammen die Centauren (Mann/Hengst-Mischform), der Minotaurus (Mann/Stier-Mischform), die Faune (Mann/Ziegenbock-Mischform), die Vereinigung von Demeter und Poseidon als Hengst und Stute unn einem Fohlen als gemeinsamem Kind, die wiedergeborene Sonne als Goldenes Kalb, der wiedergeborene Christus als Lamm usw. Diese Symbolik ist hier sehr stark ausgeweitet und umgedeutet worden.

17 Das Verschlucken des Korns durch Cerridwen ist eine Umdeutung der Wiederzeugung. Die Vogelgestalt der Muttergöttin („Huhn") ist dadurch entstanden, daß sie die (Wiedergeburts-)Mutter der Seelenvögel ist und folglich dieselbe Gestalt wie ihre Seelenvogel-Kinder hat (Krähengöttinnen der Kelten, Walküren der Germanen, geflügelte Isis der Ägypter, geflügelte Inanna der Sumerer usw.)

18 Cerridwen erscheint hier als die gefürchtete, Tod-bringende Herrin des Jenseits. Das Bild der Jenseitsgöttin ist bei den Indogermanen in die beiden Bilder der grausigen Totenreich-Herrin und der ersehnten Wiederzeugungs-Geliebten auseinander gebrochen. Diese beiden Bilder haben sich immer weiter polarisiert bis aus der Totenreich-Königin des Teufels Großmutter geworden war und aus der Wiederzeugungs-Geliebten die schöne Jungfrau, die durch einen Helden aus der Gefangenschaft eines Drachen befreit werden muß.

19 Dieser See ist der Llyn Tegid („Lake Tegid") in Wales. Diese Seefahrt-Szene ist eine Umdeutung der nächtlichen Reise des Sonnengott-Göttervaters durch die Wasserunterwelt.

erfreute sich großer Beliebtheit im Königreich, da es zu Celsamhain[20] immer eine reiche Beute an Lachsen brachte.

In diesem Jahr war Elphin, der Sohn des Gwyggno Garanhir, der als der größte auf Erden lebende Pechvogel bekannt war, auf der Suche nach Fischen zu dem Wehr gekommen. Als er den schönen Knaben in dem Korb entdeckte, rief er „eine strahlende Stirn!" Und das heißt auf Walisisch „Tal iesin!". Das Kind aber ant-wortete zu Elphins Überraschung „Ich bin Taliesin!".

Elphin nahm den Knaben mit nach Hause und sein Vater war von ihm so entzückt, daß er beschloß, ihn selbst aufzuziehen.

Taliesin wurde schon in seiner Kindheit ein beliebter Sänger und Harfner, dessen Lieder magische Kräfte besaßen und den Sturm rufen sowie Tiere und Menschen verzaubern konnten. Taliesin brachte Elphin, dessen Barde er wurde, Glück und Gedeihen.

Auf dem Heimweg von dem Wehr, an dem Elphin den Taliesin gefunden hat, zurück zu der Burg seines Vaters tröstete Taliesin Elphin mit einem Gedicht:

„Lieber Elphin, höre auf zu klagen!
Niemand sollte mit dem, was er hat, unzufrieden sein,
denn Verzweiflung bringt keinerlei Vorteile.
Niemand sieht alles, was ihm Rückhalt gibt:
Niemals lag in Gwyddnos Wehr
solch ein glücklicher Fund wie heute Nacht.
Lieber Elphin, trockne Deine Wangen!
Allzutraurig zu sein bringt Dich nicht weiter.
Auch wenn Du glaubst, daß Du nichts gefunden hast,
wird aus Deinem Verzweifeln nichts Gutes entstehen
– und es wird auch nicht die Wunder des Allmächtigen herbeirufen.[21]
Obwohl ich nur klein bin, habe ich viele große Gaben.
Aus dem Meer und von den Bergen
und aus den Tiefen der Flüsse
bringt Gott Wohlstand zu den Menschen mit einem guten Schicksal.
Elphin, Du mit Lebenskraft Gesegneter,
Deine Haltung ist unmännlich;
Du darfst nicht übertraurig sein:
Es ist besser, in Gott zu vertrauen

---

20 Celsamhain: keltisches Fest am 1. Mai; der Name bedeutet „Gegen-Samhain" – Samhain („Sommer-Ende") ist das Fest am 1. Novemer; die christliche Version von Celsamhain ist „Walpurigis"

21 Das emotionale Feingefühl und die psychologische Sachkenntnis des Taliesin sind beacht- lich. Ähnliches wird auch in der „Vita Merlini" über einen Barden berichtet.

als Schlimmes zu befürchten und es deshalb vorherzusagen.
So klein und schwach
wie ich auch an dem schäumenden Strand des Meeres gelegen habe,
werde ich doch für Dich an den Tagen der Bedrohungen
mehr wert sein, als dreihundert Lachse heute in dem Wehr.
Elphin, Du mit bemerkenswerten Qualitäten Gesegneter,
hadere nicht mit Deinem Schicksal,
Obwohl ich so schwach in meinem Korb liege,
habe ich magische Kraft in meiner Zunge
– solange ich Dein Beschützer bin
brauchst Du nicht viel zu fürchten."[22]

Dies war das erste Lied, das Taliesin sang – zur Beruhigung des Elfin über den Verlust der Fische in seinem Wehr und darüber, daß alle Welt denken würde, daß es sein eigener Fehler und sein eigenes Unglück wäre.

Elphin wunderte sich sehr über die Worte des Taliesin und frug ihn, ob er ein Mensch oder ein Geist sei. Darauf antwortete Taliesin ihm mit einem zweiten Lied:

„Zuerst war ich ein normaler Mensch,
dann litt ich am Hofe der Cerridwen;
Obwohl ich nur wenig geachtet wurde, ließ man mich dort wirken.
Ich war wichtig an dem Ort, zu dem man mich führte;
Ich war die hochgeschätzte Verteidigung des Werkes,
Und von dem Verbot des Sprechens wurde ich
durch eine lächelnde schwarze, alte Hexe befreit,
die voller furchtbarer Wut das verfolgte, was sie als das ihre ansah:

---

22 Dieses erste Lied des Taliesin zeigt deutlich, daß die Druiden auch viel von der Psyche des Menschen verstanden und von der Wirkung des Gottvertrauens, das man heute eher als positives Denken bezeichnen würde. Auch die Rolle des „fähigen Beschützers" bei der Heilung der Psyche ist den Druiden offensichtlich sehr deutlich gewesen. – In dem Gedicht zeigen sich die Anfänge einer Synthese der Weltanschauung der Druiden mit dem Christentum. Der Unterschied zwischen beiden Religionen war keineswegs so groß wie man vielleicht zunächst anzunehmen geneigt ist: 1. Gott Vater entsprach recht gut dem keltischen Dagda, dessen Name, der „Guter Gott" bedeutet, sogar zu unserem Wort „Gott", das heute eher als „der Gute" aufgefaßt wird, geworden ist. 2. In den frühen irischen Schriften der Mönche taucht einmal der Satz „Christus ist mein Druide" auf, der die vergleichbare Stellung der Druiden und des Christus deutlich illustriert. 3. Der Heilige Geist findet schließlich seine Entsprechung in der Zauberkraft der Druiden. 4. Auch die Wundertaten Christi werden den damaligen Kelten durch die magischen Fähigkeiten der Druiden recht vertraut gewesen sein.

Ich floh voller Kraft, ich floh als Frosch,
Ich floh in der Gestalt einer Krähe, die kaum Ruhe findet,
Ich floh mit aller Macht, ich floh in der Gestalt einer Kette,
Ich floh als Reh in ein verwuchertes Gestrüpp,
Ich floh als Wolfswelpe, ich floh als Wolf in die Wildnis,
Ich floh in der Gestalt einer unheilverkündenden Drossel,
Ich floh als Fuchs, der Revierkämpfe gewohnt ist,
Ich floh als Schwalbe, was mir aber nichts nützte,
Ich floh als Eichhörnchen, das sich vergeblich versteckte,
Ich floh als Hirsch mit großem Geweih – doch vergeblich,
Ich floh als Eisen in einem glühenden Feuer,
Ich floh als Speerspitze, die denen Leid brachte, die das nicht wünschten,
Ich floh als wütender Stier, der bitter kämpfte,
Ich floh als borstiges Wildschwein, das in einer Senke gesehen wurde,
Ich floh als weißes Weizenkorn,
das sich am Rand eines Lakens aus Hanf verfangen hatte,
das die Größe des Felles des Fohlens einer Stute hatte,
das wie ein Schiff auf dem Wasser dahintrieb;
Ich wurde in den dunklen Ledersack geworfen,[23]
und auf eine Reise über die grenzenlose See gesandt;
Das war für mich ein Omen der zärtlichen Fürsorge,
Und schließlich gab mir der Herrgott meine Freiheit wieder zurück. "[24]

Elphins Vater Gwyddno wunderte sich sehr über das sprechende Baby, das sein Sohn statt der Lachse von dem Wehr mit nach Hause brachte. Als Taliesin ihm sagte,

---

23 Das Dahintreiben auf dem Meer in einem Sack aus dem Fell eines Fohlens erinnert so sehr an das Einhüllen der Druiden in ein Stierfell bei ihrer Jenseitsreise, daß man davon ausgehen kann, daß dieses Motiv eine Anspielung auf die Rituale der Druiden ist.

24 Taliesin betont in diesem Lied seine Reise über das Meer und daß er auf dieser Reise „zärtliche Fürsorge" empfand. Diese Ausgesetztwerden auf dem Meer oder dem Fluß ist ein beliebtes Bild für die Reise in das Wasserjenseits, durch die man den Kontakt zu den Göttern erlangt und daher anschließend ein Seher und Magier werden kann. Der bekannteste Fall dieser Symbolik ist sicherlich das Ausgesetztwerden des Moses auf dem Nil, der aufgrund dieser Jenseitsreise dann anschließend den Kontakt zu Gott hatte. – Zu dieser Symbolik paßt es auch, daß Taliesin von Elphin in einem Lachswehr gefunden wurde, da der Lachs in der keltischen Mythologie der „Fisch der Weisheit" ist und sein Verspeisen dieselbe Bedeutung hatte wie das Trinken des Kesseltrankes. – Bei der Einweihung haben die Kelten den Druiden/Barden-Anwärter an einen abgehackten Baumstamm gefesselt und ihn in einen wassergefüllten Schacht (z.B. im Chalice Well in Glastonbury) gesenkt und ertränkt. Kurz vor seinem Tod haben sie ihn dann herausgeholt und wiederbelebt. Auf diese Weise hat der Anwärter bei seinem Nahtod eine sehr reale Jenseitesreise (Astralreise) erlebt.

daß er ein Barde sei, aber Gwyddno wenig Interesse an einem weiteren Esser hatte, sprach Taliesin den Fürsten an.

Als Gwyddno Taliesin frug, warum er sprechen konnte, obwohl er noch so klein war, antwortete ihm Taliesin: „Ich kann besser sprechen, als Ihr mich fragen könnt."

Daraufhin forderte Gwyddno Taliesin auf, ihn hören zu lassen, was er zu sagen habe.

Als Antwort sang ihm Taliesin die folgenden Verse:

„Im Wasser liegt etwas, das von einem Segen erfüllt ist:
Es ist das Beste, über Gott zu meditieren,
Es ist das Passendste, Gott mit ganzem Ernst zu bitten,[25]
denn es kann nichts geben, was verhindern könnte,
von ihm ein Geschenk zu erhalten.[26]

Dreimal bin ich geboren worden, Ich weiß es durch meine Meditation.
Es wäre für jeden Menschen ein Jammer, wenn er nicht käme und
all das Wissen über die Welt erhielte,
das in meiner Brust versammelt ist,
denn ich weiß, was gewesen ist und was in Zukunft geschehen wird.
Ich werde meinen Gott anflehen, daß ich bei ihm Zuflucht erlange."[27]

Daraufhin gab Elphin seinen Findling seiner Frau und sie pflegte ihn zärtlich und liebevoll.

Von da an wuchs Elphins Reichtum von Tag zu Tag und er stand immer mehr in der Liebe und in der Gunst des Königs.

---

25 Dieser Satz entspricht Christi Haltung, der stets vor und nicht erst nach dem Vollbringen einer seiner Wundertaten Gott dafür gedankt hat, daß er seine Bitte erhört. Man kann dies ein sehr solides Gottvertrauen nennen – oder auch eine sehr effektive Extremform des positiven Denkens. Christus und die Druiden scheinen in mancherlei Hinsicht dieselben Erfahrungen und Ansichten gehabt zu haben. – Dieses Gottvertrauen bzw. diese völlige Konzentration der Druiden wird ihnen wie den alttestamentarischen Propheten wie z.B. Moses, Elias und Elija sowie den indischen und tibetischen Yogis wie Tilopa, Naropa oder Milarepa ermöglicht haben, auch größere Wunder zu vollbringen, d.h. auch zum Durchführen der anspruchsvolleren Formen der Magie in der Lage zu sein.

26 In diesen Zeilen wird noch einmal das Wasser als die Quelle des Segens beschrieben, den der Druide-Barde durch seine Reise in die Wasserunterwelt erhält. Diese Jenseitsreise haben die Druiden zu der Meditation weiterentwickelt, mit deren Hilfe sie u.a. die Zukunft vorhersehen können und ihr Bewußtsein in andere Wesen versetzten können.

27 Die Zufluchtnahme bei Gott, der hier wohl sowohl der keltische Dagda als auch der christliche Deus ist, erinnert sehr an die buddhistische Zufluchtnahme zu Buddha.

Als Taliesin 13 Jahre alt war, wurde Elphin von seinem Onkel, dem König Maelgwn Gwynedd zum Wintersonnenwendfest eingeladen, zu dem sich alle Edlen und Barden des Landes in der Halle des Königs versammelten.[28]

Damals standen die Barden noch in hohem Ansehen. Sie waren in vielen Dingen gelehrt: im Dienst für die Könige und Fürsten; in der Kenntnis der Stammbäume, der Waffen und der Heldentaten der Könige und der Prinzen; in den Dingen, die früher in den Königreichen geschehen waren; in den Annalen der Edlen; in der Chronik aller Dinge; in der Kenntnis des Lateinischen, Französischen, Walisischen und Englischen; in der Dichtkunst in jeder dieser Sprachen.

Auf diesem Fest begann der König zu prahlen, daß er der größte aller Könige sei, daß er die größte Kraft und die größten spirituell-magischen Gaben besäße. So ging es immer weiter: In seinem Königreich seien die tapfersten Ritter, die schönsten Mädchen, seine Windhunde und Pferde seien die schnellsten, seine Barden die geschicktesten und so weiter.

Diese Worte konnte Elphin nicht ertragen. Er widersprach dem König und sagte, daß niemand treuer als seine Frau sein könnte und daß auch niemand besser als sein Barde Taliesin sein könne. Daraufhin wurde König Maelgwn so wütend, daß er Elphin in Ketten legen und in den Turm werfen ließ.

König Maelgwn sandte seinen Sohn Rhun zu Elphins Frau, um sie zu verführen und so zu beweisen, daß die Frau des Königs die bessere sei. Taliesin sah jedoch in einer Vision, was geschehen war und was der König plante[29]. Deshalb ließ er eine Dienerin von Elphins Frau sich als die Schloßherrin verkleiden. Rhun erkannte nicht die Maskerade und Elphin konnte, als Rhun zurückgekehrt war, beweisen, daß Rhun Elphins Frau gar nicht zu sehen bekommen hatte.

König Maelgwn wurde noch wütender und ließ Elphin ein zweites Mal in den Turm werfen.

Taliesin erzählte Elphins Frau, daß Elphin wieder in den Turm geworfen worden war, aber daß Taliesin jetzt zu dem König gehen und Elphin befreien werde.

Er sang ihr vor seiner Abreise ein Lied:

„Ich werde eine Reise machen
und ich werde zu dem Tor kommen,

---

28 Das Wintersonnenfest scheint zumindestens bei den West-Indogermanen das wichtigste Fest gewesen zu sein. In der Jul-Nacht, also in der längsten Nacht (21.12.) wurde die Wiedergeburt der Sonne gefeiert – ab dieser Nacht wurden die Tage wieder länger. Es ist wahrscheinlich, daß dieses Fest auch schon von den Erbauern der Steinkreise gefeiert worden ist. Im Christentum ist es zu Weihnachten, d.h. zur Christgeburt umgedeutet worden – Christus wurde bei der Missionierung in Mittel- und Nordeuropa oft dem Sonnengott gleichgesetzt, um dessen Symbolik und Wichtigkeit auf Christus zu übertragen.
29 Hier zeigen sich die Seher-Fähigkeiten des Taliesin.

die Halle werde ich betreten
und ich werde mein Lied singen;
meine Stimme wird erklingen
um die königlichen Barden verstummen zu lassen.
In der Gegenwart des Oberbarden
werde ich sie durch meinen Gruß verhöhnen,
ich werde über sie hereinbrechen
und Elphin befreien,
wenn vor dem König
der Streit der Barden aufflammt:
der Streit der süßesten Lieder,
der Streit des größten Wissens der Zauberer,
der Streit der größten Weisheit der Druiden.

Wehe ihnen, den Narren,
wenn die Rache über sie kommt!
Ich, Taliesin, der Oberste aller Barden,
werde mit tiefgründigen Druidenworten
Elphin aus den Fesseln des hochmütigen Tyrannen befreien.

Bald wird es ein Ende haben.
Wegen dieser Gewalt und dieser Ungerechtigkeit
wird es weder Gnade noch Gesundheit
für König Maelgwn Gwynedd geben,
und mögen Rhun und alle seine Nachkommen
große Krankheiten
und ein Ende der Rache finden:
Kurz sei sein Leben
und öde sein Land!" [30]

Taliesin ging daraufhin an den Hof des Königs Maelgwn und setzte sich in eine stille Ecke der Festhalle in die Nähe der Barden.

Als die Barden dann aufgerufen wurden, um den König so zu preisen wie es damals üblich war, blickte Taliesin ihnen hinterher, machte einen schmollenden Babymund

---

30 Dieser Text zeigt deutlich, daß es zwischen Druiden und Barden keinen prinzipiellen Unterschied gab. Die Barden scheinen jedoch in der späteren Zeit die Zauberkunst vergessen zu haben und weitgehend zu Dichter-Chronisten geworden zu sein – im Gegensatz zu Taliesin, der noch sowohl Barde als Druide ist. Solche Bardenflüche wie in diesem Gedicht werden in den keltischen Sagen des öfteren erwähnt – und waren wegen ihrer Wirksamkeit sehr gefürchtet.

und sagte leise „Blerum, blerum" wie es die kleinen Kinder machen, die noch nicht sprechen können. Als die Barden des Königs dann mit ihrem Lobpreis beginnen wollten, konnten sie nur brabbeln wie Babys und kein einziges Wort sagen.[31]

Der König dachte, sie seien betrunken und versuchte sie dreimal durch einen seiner Junker zu Verstand zu bringen, aber es gelang nicht. Da ließ er den obersten seiner Barden mit einem Besen schlagen, sodaß er zu Boden fiel.

Da erhob sich der Oberbarde Heinin Vardd und konnte wieder sprechen: „Oh König, wisse, daß wir nicht durch die Stärke des Trankes unsere Sprache verloren haben, sondern durch die Stärke des Geistes, der dort hinten in der Ecke in der Gestalt eines Kindes sitzt."[32]

Daraufhin rief der König Taliesin vor sich und frug ihn, wer er sei und woher er käme. Da antwortete Taliesin ihm mit einem Lied:

„Ich bin der Oberste Barde des Elphin,
und mein Heimatland sind die Sommersterne;
Idno und Heinin nennen mich Merddin,[33]
bald wird mich jeder König als Taliesin kennen.
Ich war bei meinem Herrn in der höchsten Ebene,
als Lucifer in die Tiefen der Hölle gestürzt wurde;
Ich habe das Banner von Alexander dem Großen getragen;
Ich kennen die Namen der Sterne vom Norden bis zum Süden;
Ich stand auf der Milchstraße vor dem Thron dessen, der alle ernährt;
Ich war in Kanaan, als Absalomon[34] getötet wurde;
Ich geleitete den Heiligen Geist auf die Höhe des Hebron-Tales;
Ich war am Hofe des Don[35] vor der Geburt des Gwidion.[36]
Ich war der Lehrer des Elias[37] und des Henoch[38];

---

31 Taliesin benutzt hier einen klassischen Analogie-Zauber: Er imitiert das, was er als Wirkung erzielen will.

32 Hier zeigen sich die Seher-Fähigkeiten (souveräne Telepathie) zumindestens des Oberbarden.

33 Merddin, Myrdin: eine kleine Falkenart; der Druide Merlin, der offenbar einen Falken als Seelenvogel hatte; in dem Lied scheint „Merddin" ein Titel im Sinne von „Magier, Zauberer" zu sein – auch eine Assoziation zu Merlin ist denkbar

34 Absalomon: Halbbruder des jüdischen Königs Salomon David-Sohn

35 Don: walisischer König; ursprünlcih vermutlich die indogermanisch-keltische Mutter- und Wassergöttin Don/Dana, nach der die Donau, der Don, der Dnejpr und der Dnjestr benannt worden sind

36 Gwidion: Magier aus dem walisischen Mythen/Sagen-Buch „Mabinogion"

37 Elias: Prophet und Magier im Alten Testament

38 Henoch: Prophet im Alten Testament

Ich erhielt von dem Geist[39] in dem herrlichen Bischofsstab Flügel;
Ich war schon redegewandt bevor ich meine Sprache erhielt;
Ich war an dem Ort der Kreuzigung des barmherzigen Gottessohnes;
Ich war dreimal in der Gefangenschaft der Göttin Arianrod;[40]
Ich war der oberste Architekt des Turms zu Babylon;
Ich bin ein Wunder, dessen Ursprung unbekannt ist.
Ich war in Asien zusammen mit Noah in seiner Barke,
Ich habe die Zerstörung von Sodom und Gomorrha gesehen;
Ich war in Indien, als Rom erbaut wurde,
Und ich stand in den Ruinen von Troja.
Ich war bei meinem Herrn in der Krippe des Esels;
Ich habe Moses gestärkt, als er den Jordan durchquerte;
Ich war am Firmament zusammen mit Maria Magdalena;
Ich habe die Inspiration aus dem Kessel der Cerridwen erlangt;
Ich war der Barde der Harfe des Leon von Lochlin[41].
Ich stand auf dem Weißen Hügel im Hof der Göttin Cynvelyn[42];
Ich habe ein Jahr und einen Tag in Fesseln gelegen
und für den Sohn der Jungfrau Hunger gelitten.
Ich wurde in dem Land der Deitv[43] aufgezogen,
Ich war der Lehrer aller Lehrer,
Ich kann das ganze Universum lehren.
Ich werde leben bis der Letzte Tag über die Erde kommt
und niemand weiß, ob mein Körper Fleisch oder Fisch ist.
Dann war ich für neun Monate im Bauch der Cerridwen
Ich war am Anfang der kleine Gwion,
und nun bin ich Taliesin geworden."[44]

---

39 Geist: Heiliger Geist

40 Arianrod: Tochter der Don/Danan und letztlich mit ihr identisch; Mutter des Sonnengott-Göttervaters Llew Llaw Gyffes (=Lug) und des Wassergottes Dylan, der der Sonnengott-Göttervater in der nächtlichen Unterwelt ist (Kelten: Dana – Dagda/Nuada; Germanen: Freya – Tyr/Ägir; Griechen: Demeter – Zeus/Poseidon usw)

41 Lochlin: unbekannter See oder Ort

42 Cynvelyn: „Hund des Bel", d.h. „Krieger des Sonnengottes" – dies ist ursprünglich ein Männername gewesen, der sich jedoch in Frauennamen („Cimbeline") verwandelt hat; Welche Göttin hier gemeint ist, ist unsicher – vermutlich die Erd- und Muttergöttin, da sie den engsten Bezug zu dem Sonnengott Bel/Belenus hat. Sie würde dann der Cerridwen entsprechen.

43 Deitv: unbekanntes Volk oder Land

44 Man könnte diese Verse für eine weitaus größere Angeberei halten als das, was vorher der König gesagt hatte. Der König und alle am seinem Hof waren jedoch beeindruckt, solche Verse von einem Jungen zu hören. Offenbar erkannten sie in ihnen die Weisheit der

Der König befahl nun seinem obersten Barden Heinin Vardd, Taliesin zu einem Sängerwettstreit herauszufordern, aber als Heinin seinen Mund öffnete, konnte er wieder nichts anderes als „Blerum, blerum"[45] sagen. Den anderen dreiundzwanzig Barden des Königs erging es nicht anders.

Da frug der König Taliesin, warum er gekommen sei. Daraufhin sang Taliesin das folgende Lied:

„ Ihr kümmerlichen Barden,
durch sanften magischen Druck
versuche ich mir so gut ich kann, den Preis zu sichern;
Ich strebe danach, den Verlust,
den ich erlitten habe, wieder zurückzuholen;
Ich hoffe damit erfolgreich zu sein,
weil Elphin in der Festung von Teganwy[46] Kummer erleidet.
Mögen ihn nicht zu viele Ketten und Fesseln binden;
den Thron von Teganwy werde ich wieder aufsuchen.
Von meinem Schutzgeist[47] unterstützt bin ich machtvoll;
Ich erschaffe eine große Macht,
denn in dem Lied, das ich singe,
sind dreihundert[48] Lieder und mehr miteinander verwoben.
Da, wo ich bin, sollte lieber kein Stein und kein Ring stehen
und um mich her sollte lieber kein Barde sein,
der nicht weiß, daß Elphin, Sohn des Gwyddno[49] im Land von Artro[50] ist
– gefesselt mit dreizehn Schlössern –

Druiden wieder, die durch ihre Meditationen ein alles umfassendes Bewußtsein erlangen, d.h. die ihr Bewußtsein auf alle Wesen und Dinge ausdehnen konnten. Zur Beschreibung dieses Bewußtseins sind die Verse des Gedichtes des Taliesin eine durchaus passende und zutreffende Form.

45 „Blerum" ist eine lautsprachliche Umschreibung für das Brabbeln von Kleinkindern.

46 Teganwy: Burg und Stadt an der nordwalischen Küste an der Mündung des Flusses Conwy; die damals noch hölzerne Burg liegt auf einem 100m hohen Hügel mit Blick auf das Meer

47 Schutzgeist: entweder die Seele des Taliesin oder der Sonnengott-Göttervater selber (wie bei Cú Chulainn im keltisch-irischen Nationalepos „Der Rinderraub von Cuailgne")

48 300: Nach der damaligen ketischen und germanischen sowie auch allgemein indogermanischen Symbolik steht die „3" für die „Sonne" und die „100" für das Größte in einem Bereich. Die „300" als die Kombination, d.h. Multiplikation der „3" mit der „100" symbolisiert folglich den Sonnengott – Taliesin singt also die Lieder des Sonnengott-Göttervaters.

49 Gwyddno: Vater des Elfin, des ersten Gönners des Taliesin, Fürst von Dyfed in Südwest-Wales

50 Artro: offenbar eine Gegend am Tegid-See

und den preist, der den Befehl dafür gab.
Ich, Taliesin, der oberste Barde des Westens,
werde Elphin aus seiner goldenen Fessel befreien.

Wenn ihr Barden vom höchstem Rang seid
und das Wissen über die Welt besitzt,
dann erläutert die Geheimnisse über die Bewohner dieser Welt:[51]
Es gibt ein unheilbringendes Wesen,
das aus der Festung Satans kommt,
das alles zwischen dem Tiefen und dem Flachen unterworfen hat;
sein Maul ist genauso weit wie die Berge der Alpen
– dieses Wesen kann der Tod nicht unterwerfen
und auch keine Hand und keine Klinge.
In den Haaren seiner zwei Klauen
kleben neunhundert Wagenladungen Erde;[52]
in seinem Haupt ist ein Auge
– grünlich wie ein durchsichtiger Eiszapfen;
drei Quellen entspringen aus seinem Nacken
und in ihrem Wasser rollen Sturmwogen dahin
– dort starben die Stiere des wasserreichen Deivrdonwy.[53]
Die Namen der drei Quellen in der Mitte des Ozeans:
Eine läßt das Salzwasser aus der Corina fließen
und erschafft die Fluten des Meeres,
die auch wieder in sie hinein verebben;
die zweite fällt auf uns herab,
wenn sie im hernieder schüttenden Himmel regnet;
die dritte erscheint in den Adern der Berge
als ein Feuerstein-Festessen.
Sie sind das Werk des Königs aller Könige.
Ihr stümperhaften Barden, die ihr voller Sorge seid:
Ihr könnt nicht das Königtums der Briten preisen!
Ich, Taliesin, der oberste Barde des Westens,

---

51 Hier beginnt Taliesin mit einem Lied, das eine Anrufung/Beschwörung ist. Der Erfolg
   dieser Beschwörung zeigt, daß Taliesin auch die Fähigktieten eins Druiden besiezt – und
   folglich zurecht als „Merddin", d.h. als „Merlin" und somit als „Druide, Magier, Zauberer"
   bezeichnet wird.
52 „900": „9" = zum Jenseits gehörig"; „100" = das Größte in einem Bereich" => „900" die
   Jenseitsgöttin
53 Deivrdonwy: Ort, der auch im Mabinogion erwähnt wird und der auch dort als „wasser-
   reich" bezeichnet wird

werde Elphin aus seiner goldenen Fessel befreien.

Schweigt, ihr unglücklichen, reimenden Barden,
denn ihr könnt nicht Wahrheit von Falschheit unterscheiden.
Wenn ihr Barden vom höchsten Rang seid,
die vom Himmel geformt wurden,
dann sagt eurem König, was sein Schicksal sein wird!
Ich bin der Seher und der oberste Barde
und ich kenne jeden Weg in dem Land eures Königs.
Ich werde Elphin aus dem Bauch des steinernen Turmes befreien
und ich werde eurem König sagen, was ihm geschehen wird.
Ein sehr seltsames Wesen wird als Strafe für den Frevel
aus den Sümpfen am Meeresstrand von Rhianedd[54] kommen
und Maelgwn Gwynedd heimsuchen!
Seine Haare, seine Zähne und seine Augen sind golden,
und es wird Vernichtung über Maelgwn Gwynedd bringen!

Schaut euch an, welch ein Wesen aus der Zeit vor der Sintflut dies ist:
ohne Fleisch, ohne Knochen,
ohne Adern, ohne Blut,
ohne Kopf, ohne Füße;
Es ist weder jünger noch älter als der Anfang.
Aus Angst vor einer Ablehnung
wurden von diesem Wesen noch nie etwas grob verlangt.
Großer Gott! Wie das Meer erblaßte, als es das erste Mal erschien!
Riesig sind die Böen, wenn es aus dem Süden kommt,
riesig ist die Gischt, wenn es auf die Küste trifft,
es ist in den Feldern, es ist im Wald,
es ist ohne Hand und ohne Fuß,
es ist ohne ein Zeichen des Alters,
obwohl es zu allen fünf Zeitaltern lebte
– und noch länger: die Jahre sind unzählbar.
Es ist so weit wie die Oberfläche der Erde
und es wurde nie geboren und nie gesehen.
Ich werde Fassungslosigkeit verursachen, wo immer Gott es will.
Im Meer, auf dem Land sieht man es nicht und es wird nicht gesehen.
Sein Weg ist krumm
und es wird nicht kommen, wenn man nach ihm verlangt.

---

54 Rhianedd: Ort an der Küste von Nordwales in der Nähe von Liverpool

Auf dem Land und auf dem Meer ist es unverzichtbar.
Es ist ohne seinesgleichen, es hat vier Seiten;
es ist unbegrenzt, es ist unvergleichlich;
es kommt aus den vier Richtungen,
es nimmt keinen Rat und es gibt keinen Rat.
Es setzt seine Reise fort über den Marmor-Felsen.
Es ist klangvoll, es ist taub,
es ist mild, es ist stark, es ist kühn,
wenn sein Blick über das Land streift.
Es ist schweigend, es ist klingend, es ist lärmend,
es ist das geräuschvollste auf der Erde.
Es ist gut, es ist böse, es ist das Allerzerstörerischste.
Es ist verborgen, denn Blicke können es nicht erfassen.
Es ist verderblich, es ist segensreich,
es ist dort und es ist hier,
es wird zerstückeln, aber nicht den Schaden heilen.
Es wird nicht für seine Taten leiden,
denn es ist ohne Tadel,
es ist naß und es ist trocken,
es kommt oft aus der Hitze der Sonne heraus
und aus der Kälte des Mondes.
Der Mond ist weniger segensreich, denn seine Hitze ist kleiner.
Ein Wesen hat es aus allen Lebewesen heraus erschaffen
– damit es mit einer einzigen Bö
die Vernichtung über Maelgwn Gwynedd bringt!"

Während Taliesin dieses Lied sang, erhob sich ein so gewaltiger Sturm, daß der König und alle seine Edlen fürchteten, daß die Burg über ihren Köpfen zusammenbrechen werde.[55]

---

55 Das zunächst sehr merkwürdig anmutenden Strophen des Liedes des Taliesin entpuppen sich nach und nach als eine bilderreiche, poetische und sehr wirkungsvolle Anrufung des Windes: Das von Taliesin beschriebene unglaubliche Ungeheuer ist der Sturm. – Dieser Wind wird aus dem Wasser der Unterwelt und aus der Sonne heraus geboren – deshalb ist das Monster golden. – Die drei Quellen erinnern an die dreifachen Schicksalsgöttinnen in der Wasserunterwelt und an die drei Beine des Sonnengottes als Wanderer. – Das eine Auge wird zunächst die Sonne sein, aber es erinnert auch daran, daß die Druiden beim Zaubern eines ihrer Augen schlossen. – Der „Barde des Westens" ist wohl ein Hinweis darauf, daß Taliesin durch eine Jenseitsreise eingeweiht wurde, da das Tor zum Jenseits im Westen liegt, wo die Sonne untergeht. Durch diese Reise hat Taliesin auch den Kontakt zu den Göttern und den Ahnen erlangt, die ihm nun das Ausüben seiner Magie ermöglichen.

Da ließ der König voller Angst Elphin aus dem Turm holen und Taliesin befreite ihn mit einem Vers von allen seinen Fesseln.

Nachdem König Maelgwn Elphin freigelassen hat, beendet Taliesin seine Anrufung des Sturmes und spricht stattdessen einen Segen über König Maelgwn aus:

„Ich verehre den Höchsten, den Herrn alles Belebten,
ihn, der den Himmel erhält, Lenker aller Extreme,
ihn, der das Wasser gut für alle machte,
ihn, der alle Gaben verteilt und sie gesegnet hat –
Möge Maelgwn von Angelsey, der uns alle versorgt,
aus seinen schäumenden Methörnern
eine Fülle an Met gegeben werden,
den reinsten, auserlesensten Met!
Seit die Bienen sammeln, aber nicht verzehren,
haben wir den prickelnden, destillierten Met,
der überall gepriesen wird.
Die Vielfalt der Wesen, die von der Erde genährt werden,
die Gott erschaffen hat, um den Menschen zu bereichern,
von denen einige wild sind und andere stumm –
der Herr hat sie erschaffen:
Ein Teil von ihnen wird zu Kleidung[56]
– sie werden bis in alle Ewigkeit Nahrung und Getränk geben.

Ich bitte Dich, den Höchsten, den Herrn des Landes des Friedens,
Elphin von seinem Bann zu befreien,
den Mann, der mir Wein und Ale und Met gab,
zusammen mit großen, stattlichen Rössern von schönem Aussehen –
möge er sie mir weiterhin geben;
und möge mir Gott aus seinem guten Willen heraus am Ende
in Ehren eine Reihe von zahllosen Altern gewähren –
an einem Rückzugsort in stiller Besinnlichkeit.

Die Betonung dieser Jenseitsreise läßt vermuten, daß die Barden des Königs keine solche Einweihung hatten und somit aus der Sicht des Taliesin auch keine richtigen Druiden/Barden waren. – Mit dem Schutzgeist, unter dessen Obhut Taliesin steht, könnte seine Seele gemeint sein, aber es könnte sich dabei auch um einen weniger persönlichen Geist handeln. – Die Verse des Taliesin integrieren die Bilder aus der Bibel, die sie neu kennengelernt hatten, in die Tradition der Druiden und Barden. – Taliesin ist offensichtlich auch in der Geschichte der Länder des Mittelmeerraumes gut bewandert.

56 Kleidung: Fell- und Lederkleidung

Elphin, Ritter des Mets, möge Dein Ende erst sehr spät kommen!"[57]

Anschließend an dieses Lied sang Taliesin an den Oberbarden Heinin Vardd und an die anderen dreiundzwanzig Barden gerichtet die Ode, die „Die Vortrefflichkeit der Barden" genannt wird:

„Wer war der erste Mensch, den Gott im Himmel erschaffen hat?
Was war die schönste lobpreisende Rede, die je von Ieuav [58]verfaßt wurde?
Welchen Met, welche Speise, welches Dach als Schutz gab es für ihn?
Was war das erste Bild in seinem ersten Gedanken?
Was wählte er als Kleidung?
Wer trug am Anfang eine Verkleidung,
die von den wilden Tieren des Landes stammte?[59]
Warum sollte ein Stein hart sein?
Warum sollte ein Dorn spitz sein?
Wer ist hart wie Feuerstein?
Wer ist salzig wie Meereswasser?
Wer ist süß wie Honig?
Wer reitet auf der Brise?
Warum sollte die Nase wie ein Hügelkamm sein?
Warum sollte ein Rad rund sein?
Warum sollte die Zunge und nicht ein anderes Körperteil sprachbegabt sein?

Wenn Deine Barden, Heinin, das alles wissen,
dann laß sie mir, Taliesin, antworten."[60]

---

57 Dieses Gedicht ist schon sehr stark von einer christlichen Haltung geprägt – wobei nicht bekannt ist, welche Haltung die Druiden gegenüber dem keltischen Himmelsgott und Göttervater Dagda eingenommen haben. Möglicherweise war diese Haltung der christlichen Einstellung recht ähnlich. Die Bilderwelt in diesem Segensspruch ist jedoch noch deutlich „keltisch-druidisch".

58 Ieuav: anscheinend ein früher Barde, der vermutlich aus Wales stammte, wo dieser Männername üblich war

59 Diese Frage könnte auf die Verkleidung der Schamanen als Hirsche (Geweih) oder als Stiere (Hörnerhelm) anspielen, aber dieser Vers ist zu allgemein gefaßt, um sich dessen sicher sein zu können.

60 Dieses Gedicht ist ein „Wissensgedicht", in dem Fragen gestellt werden, die der andere beantworten muß. Diese Rätsel, die ein wenig wie Prüfungsfragen klingen, sind eine alte und beliebte Form gewesen, um das umfangreiche, von den Druiden und Barden auswendiggelernte Wissen zu sortieren und zu ordnen. Genaudieselbe Form findet sich auch bei den Germanen.

Die vorangehende Ode ergänzte Taliesin durch das Lied, das den Namen „Der Tadel der Barden" trägt:

„Wenn Du ein Barde bist,
der vollkommen von einem nicht kontrollierbaren Geist[61] durchdrungen ist,
dann sei nicht unauffindbar am Hofe des Königs.
Wenn Dein Geschwätz nicht allgemein bekannt werden soll, Heinin,
dann schweige lieber:
über die Namen Deiner Verse,
über die Namen Deiner Lobpreisungen,
über die Namen Deiner Ahnen aus der Zeit vor ihrer Taufe,
über die Namen der Sphären,
über die Namen der Elemente,
über den Namen Deiner Sprache,
über den Namen Deiner Heimat.

Weicht von hier, ihr oberen Barden!
Weicht von hier, ihr unteren Barden!

Meine Geliebte ist unten in den Fesseln Arianrods.[62]
Es ist gewiß, daß ihr nicht wißt,
wie ihr das Lied verstehen sollt, das ich singe,
und daß ihr auch nicht klar erkennen könnt,
wie ihr Wahrheit und Falschheit unterscheiden sollt.

---

61 Der „nicht kontrollierbare Geist", von dem der Barde durchdrungen sein sollte, wird entweder die Seele des Barden oder eine allgemeine göttliche Inspiration sein. Beides führt dazu, daß der Barde nicht aus seinem eigenen Wissen heraus spricht bzw. singt, sondern wie ein Seher ein Vermittler des Wissens und des Willens der eigenen Seele, der Ahnen oder der Götter ist. Nur in diesem Zustand sind die Worte des Barden „göttliche Worte". – Diese inspirierte Form des Sprechens ist auch in der katholischen Kirche bekannt: Wenn der Papst vom Stuhl Petri aus spricht ist er „ex cathedra", d.h. unfehlbar. Die wörtliche Bedeutung der Formulierung „ex cathedra" ist „von dem Stuhl (des Petrus) aus".

62 Arianrhod ist eine der wichtigsten keltischen Göttinnen. Sie ist eine Tochter der Mutter- und Wasserunterweltsgöttin Don/Dana. Der Name Arianrhod bedeutet „silbernes Rad" und wird wie die Räder auf dem Kessel von Gundestrup und das Rad des Taranis das Symbol der Fhirinne, der Wahrheit, Richtigkeit und Harmonie sein. Vermutlich ist Arianrhod der verselbständigte Aspekt der Muttergöttin als Quelle und Spenderin der Fhirinne („Richtig-keit"; walisisch: „Awen"), die auch durch den Torque symbolisiert wird. Dieses Rad wurde später auch als Spinnrad gedeutet. Ihr Rad bzw. ihr Spinnrad wurde als das Sternbild „Nördliche Krone" angesehen, das auch als ihr Palast, der den Namen „Caer Arianrhod" trug, aufgefaßt wurde.

Ihr kümmerlichen Barden, ihr Krähen dieses Königreichs,
warum fliegt ihr nicht fort?
Ein Barde, der mich nicht zum Schweigen bringt,
wird selber keine Stille erlangen,
solange er sich nicht unter Kieseln und Steinen verbirgt;
möge jedoch den Barden, die mir zuhören,
Gott genauso zuhören."

Diese beiden Lieder über die Barden ergänzte Taliesin noch durch die Ode „Die Verachtung der Barden":

„Die Sänger am Hof beharren auf ihren schlechten Gewohnheiten:
unmoralische Liedchen sind ihre Freude,
sie tragen leere und geschmacklose Lobreden vor,
sie reden Falschheiten zu jeder Zeit,
sie stellen die Unschuldigen in schlechtem Licht dar,
sie zerstören das Leben von verheirateten Frauen,
sie behindern das Leben von den unschuldigen Jungfrauen Marias,
sie vergeuden ihr eigenes Leben mit Eitelkeiten,
sie schaden unschuldigen Menschen,
sie sind betrunken in der Nacht und schlafen um Tag,
sie sind faul und arbeiten nie und füttern sich doch durch,
sie hassen die Kirche und sie besuchen die Kneipe,
sie tun sich mit Dieben und Eidbrüchigen zusammen,
sie untersuchen auf Festen jedes sinnlose Wort, das sie gesprochen haben,
sie preisen jede Todsünde,
sie tun alle abscheulichen Dinge,
sie bummeln durch alle Dörfer, Städte und Länder,
aber sie denken nicht über den drohenden Tod nach
und sie geben anderen weder ein Nachtlager noch Almosen;
sie verschlingen Berge von Speisen,
aber sie benutzen keine Psalme oder Gebete;
sie spenden Gott weder den Zehnten noch Opfergaben,
sie verehren Gott nicht an Feiertagen und an Sonntagen,
sie beachten keine Nachtwachen oder Feste.

Die Vögel fliegen, die Fische schwimmen,
die Bienen sammeln Honig, die Würmer kriechen,
alle arbeiten, um ihre Speise zu erlangen
– außer den Sängern am Hof und faulen, nutzlosen Dieben.

Ich verachte weder Lieder noch die Kunst der Sänger,
denn sie wurden von Gott gegeben, um den Geist des Menschen zu erhellen,
aber ich verachte die, die sie mißbrauchen,
um Jesus und seinen Glauben zu lästern."[63]

Anschließend an diese Lieder bewies Taliesin nach Elphin noch ein zweitesmal, daß es Rhun, dem Sohn des Königs, nicht gelungen war, die Frau des Elphin zu verführen.

Dann veranlaßte Taliesin, daß Elphin den König zu einem Pferderennen herausforderte. Der König nahm die Herausforderung an und sie trafen sich einige Zeit später vor der Burg des Königs und steckten sorgfältig die Bahn für das Pferderennen ab. Der König schickte 24 Pferde ins Rennen und Elphin nur eins – so wie vorher Taliesin alleine gegen die 24 Barden des Königs gestanden hatte.

Taliesin nahm 24 Holunderstäbe, kohlte sie im Feuer schwarz und gab sie dem Jungen, der Elphins Pferd reiten sollte, und ließ ihn die Stäbe in seinen Gürtel stecken. Er hieß den Jungen, an den Pferden des Königs vorüberzugehen und jedes Pferd mit einem dieser Stäbe auf die Kruppe zu schlagen und den Stab dann fallen zu lassen.[64]

Nachdem der Junge dies ausgeführt hatte, forderte Taliesin den Jungen auf, darauf zu achten, an welcher Stelle sein eigenes Pferd stolpern würde und an dieser Stelle seine Kappe fallen zu lassen.

Nachdem Elphins Pferd das Rennen gewonnen hatte, führte Taliesin Elphin zu der Stelle, an der die Kappe des Jungen lag, und ließ Elphins Landarbeiter dort ein tiefes Loch graben bis sie an seinem Grund einen Kessel voller Gold fanden.[65]

Da sprach Taliesin: „Elphin, dies ist eine Bezahlung und eine Belohnung für Dich dafür, daß Du mich aus dem Wehr geholt hast, und dafür, daß Du mich seit damals bis heute ernährt hast." An dieser Stelle findet sich bis heute ein See.[66]

Der König ließ Taliesin vor sich rufen und bat ihn, ihm ein Lied über die

---

63 Gegen Ende dieses Liedes wird wieder das Christentums sichtbar, das sich aber offenbar recht mühelos in die Vorstellungen der Druiden-Barden über die richtige Lebensführung einfügen ließ.

64 Das Verkohlen der Holunderstäbe ist vermutlich ein Analogiezauber: So wie die Stäbe durch das Feuer ihre Lebendigkeit verlieren, so verlieren auch die Pferde durch das Schlagen mit diesen Stäben ihre Lebendigkeit.

65 Der „Kessel in der Erde" bzw. der „Kessel im See" werden beides Bilder für die Unterwelt sein, die hier nicht nur die Wiedergeburt, sondern auch einen Goldschatz spendet symbolisiert. Das Gold könnte auch wie in der Vita Merlini die nächtliche Sonne in der Unterwelt symbolisieren und aus älteren Vorstellungen in diese Geschichte übernommen worden sein. Das Pferd, das macnhmal für den Sonnengott geopfert wurde, wurde durch ein Pferderennen bestimmt – dieser Opferbrauch ist hier zu dem Stolpern des Pferdes umgedeutet worden.

66 Dieser See könnte der Eingang in die Wasserunterwelt sein, aus der die Sonne am Morgen zurückkehrt.

Erschaffung des Menschen zu singen.

Daraufhin schuf er das Lied, das heute „Einer der vier Pfeiler der Lieder" genannt wird:

„Der Allmächtige schuf
in dem Tal von Hebron[67]
mit seinen formenden Händen
  Adams schöne Gestalt:

Dort lag er fünfhundert Jahre lang
ohne jegliche Hilfe;
dort blieb er und lag
  ohne Seele.

Da schuf er wiederum
in dem stillen Paradies
aus einer Rippe seiner linken Seite
  die Segen-erfüllte Eva.

Sieben Stunden lang
hüteten sie den Obstgarten,
bis Satan Streit brachte –
  mit Listen aus der Hölle.

Da wurden sie von dort vertrieben,
kalt und zitternd,
um sich ein Leben zu erringen
  in dieser Welt

und um in Schmerzen
ihre Söhne und Töchter hervorzubringen,
um Asiens Land
  zu besitzen.

---

67 Hebron: jüdische Stadt westlich des Toten Meeres

Zweimal fünf, zehn und acht,
trug sie in sich selber,
die gemeinsame Last
von Mann-Frau.[68]

Und einst brachte sie,
nicht verborgen, Abel hervor,
und Kain, den Verlorenen,
den Menschen-Mörder.

Ihm und seiner Frau
wurde ein Spaten gegeben,
um mit ihm den Boden aufzubrechen
und so zu Brot zu kommen.

Der Weizen, rein und weiß,
im Sommer auf dem Acker zu säen,
um jeden Menschen zu nähren
bis zum großen Julfest.

Die Hand eines Engels
des Vaters in der Höhe
brachte Saat zum Säen,
damit Eva säen möge.

Doch da verbarg sie
ein Zehntel der Gabe
und es wurde nicht alles besät,
was umgegraben worden war.

Da wurde der schwarze Roggen gefunden
und nicht das reine Weizenkorn,
damit die Missetat offenbar wurde –
der Diebstahl.[69]

---

68 „Zweimal fünf, zehn und acht" sind „2·(5+10+8)=46". Diese Zahl sollte eigentlich die 9 Monate bzw. 39 Wochen oder 270 Tage der Schwangerschaft ergeben. Möglicherweise ist hier die etwas zu lange Zeitspanne von 46 Wochen gemeint. Vielleicht ist auch die Rechnung „2·(5+10)+8=38" gemeint, die ja ziemlich genau zutreffen würde.
69 Mit dem „schwarzen Roggen" ist vermutlich das Mutterkorn gemeint, das halluzinogen wirkt (aus ihm wird LSD hergestellt).

Wegen dieser Diebes-Tat
ist es bestimmt,
daß alle Menschen das Land bebauen müssen
  auch für Gott:[70]

Auch den rötlichen Wein,
der an sonnigen Tagen
und in Neumond-Nächten gepflanzt worden ist;
  und ebenso den weißen Wein.

Der Körner-reiche Weizen
und der rote, fließende Wein
werden zu Christi reinem Leib,
  dem Sohn des Alpha.[71]

Die Oblate ist das Fleisch,
der Wein das vergossene Blut,
die Worte der Dreieinigkeit
  weihen sie.

Die verschlossenen Bücher
aus Emmanuels[72] Hand
wurden von Raphael[73] gebracht
  als Geschenk für Adam,

als er in seinem hohen Alter,
bis zu seinem Kinn
im Wasser des Jordans stehend
  eine Fastenzeit hielt.

---

70 Vermutlich ist dies eine Erklärung für den „Zehnten" (10% aller Produkte), die die Bauern
   an die Kirchen abgeben mußten – der Vorläufer der heutigen Kirchensteuer. Noch die
   heutige Kirchensteuer beträgt zwischen 8% und 10% der Lohnsteuer/Einkommenssteuer.
71 „Alpha" ist hier eine Umschreibung für Gott als Schöpfer – das Alpha steht am Anfang des
   griechischen Alphabeths. Das „Alpha" ist der erste Teil des sprichwörtlichen „A und O"–
   das Omega steht am Ende des griechischen Alphabeths.
72 Emmanuel: Jesus
73 Raphael: einer der Erzengel

Und Moses erlangte
im Wasser des Jordans
die Hilfe seiner drei
   sehr besonderen Stäbe.[74]

Salomon erhielt
im Turm zu Babel
all das Wissen
   das Asien-Landes.

So erlangte ich
aus meinen Barden-Büchern
all das Wissen
   von Europa und Asien.

Ich kenne ihre Richtung, ihr Geschick,
ihren vorgeschriebenen Weg
und auch ihr Schicksal
   bis zu ihrem Ende.

Oh!, welches Leid
durch heftigsten Schmerz
wird die Prophezeiung
   Trojas Sippe zeigen![75]

Eine sich windende Schlange
stolz und gnadenlos
kommt auf goldenen Schwingen
   aus Germanien.[76]

---

74 Hier ist vermutlich Moses' Zauberstab gemeint, mit dem er u.a. in der Wüste eine Quelle entspringen ließ.

75 „Trojas Sippe" sind die Nachkommen der Menschen, über die im „Trojanischen Krieg" berichtet wird, d.h. die Menschen in Europa und im Nahen Osten – was damals in etwas gleichbedeutend mit „alle Menschen" gewesen ist.

76 Schlange aus Germanien: vermutlich die Stämme der Angeln, Sachsen und Jüten, die ab 430 n.Chr. nach Britannien gezogen sind, es erobert und sich dort niedergelassen haben; goldene Schwingen: evtl. die Segel der Schiffe der Germanen

Sie wird England
und Schottland überrennen –
von der Meeresküste von Lychlyn[77]
  bis nach Severn[78].

Dann werden die Brythonen[79]
Gefangene sein,
gelenkt von Fremden
  aus dem Sachsenland.[80]

Den Herrn werden sie preisen,
ihre Sprache werden sie bewahren,
ihr Land werden sie verlieren –
  außer das wilde Wales:[81]

Bis Veränderungen kommen werden
nach langer Buße,
wenn gleichermaßen
  beide Sünden gesühnt sind.

Dann werden die Briten
wieder ihr Land und ihre Krone haben,
und die Schar der Fremden
  wird fortgehen.[82]

All diese Engel-Worte
über Frieden und Krieg
werden sich erfüllen
  an dem Volk der Briten."

---

77 Lychlyn („Nordland"): Skandinavien, Heimat der Wikinger

78 Severn: Fluß in Wales

79 Brythonen: walisisch für „Briten"

80 Das ist eine Erinnerung an den Einfall der Angelsachsen zu Beginn der Völkerwanderungszeit ab ca. 430 n.Chr. Der Barde Taliesin wird hier offenbar zeitlich gesehen vor diesem Ereignis angesiedelt.

81 Die Sprache der Angelsachsen ist die Grundlage des heutigen Englisch. In Wales (sowie in der Bretagne, in Schottland und in Irland) haben die dortigen Bewohner die keltische Sprache z.T. bewahrt.

82 Die Angelsachsen sind stattdessen integriert worden.

Er berichtete dem König in seinen Liedern noch weitere Prophezeiungen über die Dinge, die sich in der Welt ereignen werden, so wie es hier geschrieben steht.

IV Die Lieder des Taliesin

Im „Buch des Taliesin" sind zwischen 57 und 61 Lieder bewahrt geblieben – ihre Anzahl schwankt jenachdem, ob manche Strophen als Teile desselben Liedes gesehen werden oder als eigenständige Lieder. Die Lieder haben zum größten Teil keinen Titel, sondern wurden entweder erst später nach ihrem Inhalt benannt oder einfach mithilfe ihrer ersten Zeile bezeichnet. Die Bezeichnung der Lieder ist zudem in den verschiedenen Übersetzungen auch nicht einheitlich.

Diese Lieder haben zu einem großen Teil einen christlichen Inhalt und auch einen christlichen Stil, aber es finden sich unter ihnen auch einige ältere Lieder, Strophen, Verse und Motive aus der Überlieferung der Barden und Druiden. Lediglich 12 dieser Lieder stammen recht sicher tatsächlich von Taliesin selber – möglicherweise noch 2 mehr. Möglicherweise wurden auch die 10 prophetischen Lieder teilweise noch von Barden-Druiden verfaßt – das ist jedoch unsicher.

Die Lieder sind hier nicht entsprechend der Reihenfolge in der Liedersammlung des „Buch des Taliesin" angeführt, sondern entsprechend ihrer Herkunft, ihrer Thematik und ihres Alters.

Es gibt recht viele Lieder, die mehr als einer dieser Kategorien zugehören – diese Lieder finden sich dann bei dem Thema, das in ihnen am prägendsten ist.

Viele dieser Lieder haben zudem ein christlichen Vorwort und/oder ein christliches Nachwort erhalten, damit sie innerhalb der zunehmend christlich geprägten Kultur weiterhin bewahrt werden konnten.

Die Lieder sind innerhalb der folgenden elf Kapitel ihrem vermuten Alter nach geordnet – die ältesten zuerst, die jüngsten zuletzt.

IV 1. Die Loblieder des Taliesin an Urien

Die Lieder in dieser Kategorie sind alle von Taliesin verfaßt worden. Sie sind Loblieder an König Urien.

Diese Lieder enden bis auf eines alle mit denselben vier Versen, die an Urien gerichtet sind. Es ist gut denkbar, daß Taliesin alle seine Loblieder an Urien mit diesen Versen beendet hat und daß alle in der Halle, in der Taliesin diese Verse vorgetragen hat, diese Verse mitgesprochen haben, da sie sie schon gut gekannt haben – was dann stets ein beeindruckender Abschluß des jeweiligen Liedes gewesen wäre.

IV 1. a) Die Schlacht von Gwenystrad

Die Männer von Catraeth[83] erhoben sich mit der Morgendämmerung,
versammeln sich um ihren Anführer, den siegreichen Rinder-Räuber.[84]
Es ist Urien, dieser weitberühmte Häuptling,
der die Könige beherrscht und sie niederwirft.
Der wahre Herr der Getreuen – seine Leidenschaft ist der Krieg:
Ein Unglück für die Männer der Heere von Prydyn![85]
In Gwen Ystrad[86] steht eine Festung, gut geeignet für den Kampf von Kriegern –
Es gibt keinen Schutz im Wald und auf dem Feld,
wenn sie zur Schlacht zusammentreffen, oh Verteidiger Deines Volkes!,
Wenn sie wie Wogen heftig über das Land stürmen.
Ich sah tapfere Männer in Heeren versammelt –
nach einem Morgen des Kämpfens fehlte es ihnen an Fleisch ...
Ich sah, wie Krähen[87] erschlagen wurden, die von jenseits der Grenze kamen.
Ein Siegesschrei, ein gewaltiger Ruf ertönt!
Im Kampf um Gwen Ystrad kann jederman
Unheil kommen sehen und Männer, die vom Töten ermüdet sind.
Als ich zum Fjord hinabging, sah ich blutbefleckte Männer,
die ihre Schwerter dem grauhaarigen König zu Füßen legten.
Sie baten um Frieden, sahen keinen Ausweg mehr,

---

83 Catareth: Catterick in Nord-Yorkshire (Nordost-England)
84 Das Rauben der Rinderherden ist ein sehr weit verbreitetes Motiv unter den Indogermanen, die halbnomadisch von der Viehzucht gelebt haben. Der Viehraub gehörte zur Grundausbildung eines jeden Indogermanen – das ist die Wurzel des heutigen Kapitalismus ...
85 Prydyn: das Pikten-Land nördlich des Antoniuswalles, d.h. Schottland
86 Gwen Ystrad: Wensleydale in Nord-Yordkshire oder Winsterdale im Lake District
87 Krähen: feindliche Krieger

blaßgesichtig, die Hände auf dem Kreuz, auf dem Kies des Strandes,
trunken von Idons[88] rotem Wein,
die Wogen spülten durch die Mähnen ihrer toten Rosse.
Ich sah die, die das niedergeworfene Land zerstört hatte;
ihre Kleidung war blutbefleckt.
Und er, den es nach Krieg verlangte, der rasch im Mustern des Heeres war,
der Beschützer im Streit, der niemals an Flucht gedacht hat,
der Herr von Rheged[89] – ich bewundere seinen Mut!
Ich sah große Helden, die sich um Urien versammelten
als er seine Feinde in Lech Wen[90] niederschlug –
als er seine Gegner für die Raubvögel schlachtete, war er voller Freude!
Männer, haltet eure Schilde für die Schlacht bereit!
Es gibt keinen Mangel an Kampf für Uriens Gefolge!

Wenn ich alt bin, außer Atem auf meinem Pfad
und der Tod mir naht,
werde ich mich freuen auf manche Weise,
wenn ich Urien preise.

---

88 Idons roter Wein = Blut; Ist „Idon" hier die germanische Göttin „Idun"; die mit dem Ritualtrank (Göttermet) assoziiert worden ist? Die Umschreibung ist auf jeden Fall eine typisch germanische „Kenning". Es könnte auch der Fluß „Eden" in Cumbria gemeint sein.

89 Rheged: Königreich in Nordwest-England, das im Norden an Wales anschließt

90 Lech Wen („Stein des Gwen"): ein Ort – evtl. eine Burg oder ein Hügelgrab

IV 1. b)   Das erste Lied an Urien von Rheged

Urien von Erechwydd[91],
Großzügigster aller Christen –
mit offenen Hände gibt er
den Männern seines Landes.
So wie Du sammelst,
so sollst Du verteilen.[92]
Christliche Sänger gedeihen,
sind glücklich solange sie leben;
sie erfreuen sich in hohem Maße
der reichen Schätze des Helden;
sie vermehren den Ruhm
der Kinder des Urien.
Oberster Anführer!
Allerruhmreichster König!
Weithin gelobter Beschützer!
Stärkster aller Krieger!
Die Engländer wissen, wer er ist,
wenn sein Name genannt wird –
Seine Hand brachte ihnen den Tod
und viele Leiden:
Ihre Häuser brannten,
ihr Vieh wurde geraubt –
viele Verluste
und bitterer Schmerz.
Es gibt keinen Weg, das zu vermeiden,
wenn Urien von Rheged dies will.
Rhegeds Verteidiger,
Herr des Ruhmes, Anker Deines Landes,
Du bist meine Freude!
Alle Gerüchte erzählen,
daß Dein Speer-Spiel[93] gewaltig ist,
wenn der Krieg beginnt.
Wenn Du in der Schlacht wütest,
gibt es viele Leichen ...

---

91 Erchewydd: vermutlich Nordost-Yorkshire
92 Diese zwei Zeilen klingen nach einer Redewendung.
93 Speer-Spiel: germanische Kenning für „Kampf"

Heime wurden in der Dämmerung
von Erchwydds Herrscher verbrannt.
Liebliches Erchwydd –
Heimat der freigiebigsten Männer[94]!
Der mutigste aller Anführer
hinterließ ein beraubtes England:
Der kühnste Nachkomme
und der kriegerischste König,
der jemals war und jemals sein wird –
es gibt keinen Vergleichbaren!
Beobachte ihn in der Schlacht:
Er verbreitet nichts als Schrecken!
Schau auf ihn als Anführer:
Er ist voll freundlichen Gemütes:
Er wird von Freude
und reichen Schätzen umgeben:
Gold-König des Nordens,
Höchster aller Könige!

> *Wenn ich alt bin, außer Atem auf meinem Pfad*
> *und der Tod mir naht,*
> *werde ich mich freuen auf manche Weise,*
> *wenn ich Urien preise.*

---

94 Die Anrede des Königs als „freigiebiger Mann" durch die keltischen Barden bzw. durch die germanischen Skalden, um ihn zu einem Geschenk an den Sänger für sein Loblied zu bewegen, ist ein in der germanischen Dichtung sehr weit verbreitetes Motiv.

IV 1. c) Das zweite Lied an Urien von Rheged

Bei einem Großteil der Verse in diesem Lied wiederholt der Anfang eines Verses einen Begriff, der am Ende des vorigen Verses steht.

Diese Reimform, bei der ein Wort vom Ende der vorigen Zeile am Anfang der folgenden Zeile wiederholt wird, ist auch aus dem germanischen Repertoire bekannt. Sie heißt dort „drottkväd med dunhenda" d.h. „Herrscher-Lied mit Echo-Reim". Ob sie von keltischen Barden erfunden und dann um 850 n.Chr. von dem germanischen Skalden Bragi dem Alten übernommen worden ist oder ob sie von Bragi erfunden worden ist und dann ihren Weg in die keltischen Texte gefunden hat, läßt sich nur schwer einschätzen. Auch eine keltisch-germanische Parallel-Erfindung ist denkbar (wenn auch unwahrscheinlich). Schließlich könnte diese Reimform auch noch älter sein und von den Angelsachsen ab 447 n.Chr. nach Großbritannien gebracht worden sein.

Dieser Reim beginnt in diesem Lied in Zeile 2/3 mit dem Wort „Met". Dieser Reim wird jedoch nicht durchgehend eingehalten.

Hier in Ruhe mit den Männer von Rheged:
Achtung und Willkommen und Met für mich!
Met für mich, um meinen Ruhm zu ehren.
Geschenke an gutem Land, um mir Wohlstand zu geben,
Wohlstand in Fülle an glänzendem Gold,
Golden-gute Zeiten und hohe Wertschätzung,
Hohe Wertschätzung und zufriedenstellende Geschenke,
Geschenke von einem Zufriedenen wenn er mir Freude gibt.
Schlachten, Kochen, Speisen, Vorbereitung,
Vorbereitung, Speisen, Vieh wird vor uns geschlachtet.
Große Wertschätzung wird der Welt größten Sängern dargebracht!
Seid versichert, daß sich alle vor Dir verbeugen,
und sich Deinem Willen beugen. Das hat Gott gewährt.
Große Männer schreien und stöhnen aus Angst vor Deinem Angriff,
Schlacht-Erwecker[95], Stütze des Landes!
Stets umgeben von stampfenden Rossen –
von stampfenden Rossen und Bier zum Trinken;
Bier zum Trinken und gute Bauernhöfe,
Guter Schmuck wird über mich ausgeschüttet!

---

95 Schlacht-Erwecker = Beginner des Kampfes = Kriegskönig (dies ist eine beliebte germanische Kenning)

Llwyfennyds[96] Volk, Arkles[97] Krieger,
Kleine und Große[98] vereinen[99] sich mit einer Stimme
in dem Lied des Taliesin und geben allen ein starkes Herz!
Du bist der Beste, der Höchste an Ruhm,
von dem ich je gehört habe; Ich singe die Loblieder
über alle Deine Taten!

    Wenn ich alt bin, außer Atem auf meinem Pfad
    und der Tod mir naht,
    werde ich mich freuen auf manche Weise,
    wenn ich Urien preise.

---

96 Llwyfennyds: das Land an dem Fluß Lyvenned in Cumbria
97 Arkles: vermutlich der Fluß Arkle in North Yorkshire
98 Kleine und Große: „Groß und Klein" = „Alte und Junge"
99 vereinen: Alle singen Taliesins Lieder.

IV 1. d) Das dritte Lied an Urien von Rheged

In diesem Lied beschreibt Taliesin in etwa ab der Mitte des Liedes seine Angst, daß Urien in der Schlacht getötet werden könnte, in die er gezogen ist, doch gegen Ende wird er wieder zuversichtlich, daß Urien unverletzt bleibt und alle Feinde besiegt.

Das ganze Jahr hindurch
schenkte er freigiebig
Wein, Honig-Bier und Met
als Lohn den Tapferen aus.
Feste der Poeten:
um die Bratspieße versammelt,
ein jeder mit seinem Torque[100],
alle saßen in ihrer Ordnung.
Jeder zog in den Kampf,
ritt kühn hinaus,
verlangte nach reichlich Gütern
in der Schlacht von Manaw[101];
suchte nach Schätzen
und reicher Beute:
acht Herden Vieh,
Kühe und auch Kälber,
Stiere und Milchkühe
und alle anderen Reichtümer.

Ich würde keine Freude spüren,
wenn Urien sterben würde:
Er war mir lieb, bevor er auszog
zu dem Schlacht-Getöse;
sein blutgetränktes weißes Haar,
er, auf einer Bahre getragen,
seine Wangen ganz rot
und blutbefleckt ...
Stets ein stolzer Mann –
und seine Frau nun eine Witwe.

---

100 Torque: gewunderner Halsring, der ursprünglich die Einweihungs-Jenseitsreise der Schamanen/Druiden symbolisiert hat und später dann zu einem allgemeinen Ehren-Abzeichen wurde

101 Manaw: Küstenregion auf der Südseite des Firth of Forth in Schottland

Er ist mein Anführer mein Leben lang,
er ist meine Hoffnung mein Leben lang,
mein Schicksal, meine Hilfe und mein Häuptling.

Sohn, gehe zur Tür
und schaue nach dem Lärm.
Was ist das für ein Aufruhr?
Bebt die Erde?
Bricht das Meer herein?
Es naht eine Flut
von schreienden Kriegern:
„Der Feind auf den Hügeln
hat Urien getötet!
Der Feind im Tal
hat Urien aufgespießt!
Der Feind auf den Bergen
hat Urien niedergeworfen!
Der Feind auf den Hängen
hat Urien aufgeschlitzt!
Der Feind in den Gräben –„

Doch Urien wird Dich niemals fürchten!
Feind auf den Pfaden, Feind oben,
Feind an allen Flußwindungen!
Und kein Angriff und auch nicht drei
werden sein Vorrücken aufhalten.[102]
Niemand wird hungern,
der in der Nähe seiner Beute ist.
Seine lauten Männer brüllen,
ihre Rüstung glänzt.
Sein Speer ist wie der Tod,
der den Feind tötet.

Wenn ich alt bin, außer Atem auf meinem Pfad
und der Tod mir naht,
werde ich mich freuen auf manche Weise,
wenn ich Urien preise.

---

102 Taliesin macht sich selber Mut, daß Urien unversehrt heimkehrt.

47

IV 1. e)   Die Ereignisse bei Argoed Llwyfain

Am Morgen des Samstags gab es eine große Schlacht,
Vom Sonnenaufgang bis zum Sonnenuntergang.
Fflamddwyn[103] eilte mit vier Heeren
um Godeu[104] und Rheged[105] zu verwüsten.
Vom Wald bis zu den Bergen wurde eine Musterung durchgeführt;
niemand zögerte auch nur einen Tag.
Fflamddwyn brüllte, er schrie laut:
„Sind Geiseln hier? Sind sie gefangen genommen worden?"
Und Owain[106] antwortete, die Geißel der Ostlande:
„Nein, sind sie nicht! Sie noch nicht gefangen genommen worden!
Und die Hunde von Coels Dreck[107] müssen hart bedrängt werden,
bevor sie auch nur einen Mann als Geiseln übergeben!"
Auch Urien antwortete, der Herr von Erchwydd:
„Wenn dieses Treffen nur stattfindet, um Waffenstillstände auszuhandeln,
dann werden wir unsere Bollwerke höher auftürmen als die Berge
und mit unseren Gesichtern über ihre Kante blicken
und unsere Waffen über die Köpfe unserer Männer erheben
und Fflamddwyn und seinen Heeren entgegenziehen
und ihn und seine Männer niederschlagen!"
Dort vor Argoed Llwyfain[108] lag eine Unmenge von Leichen,
sie waren rot von Kriegerblut,
als die Männer mit ihrem Herrn vorrückten.
Ich werde ein ganzes Jahr an meinem Sieges-Lied dichten!

Wenn ich alt bin, außer Atem auf meinem Pfad
und der Tod mir naht,
werde ich mich freuen auf manche Weise,
wenn ich Urien preise.

---

103 Fflamddwyn = „Flammenträger"; Flamme = Schwert, daher Flammenträger = Krieger
    (eine beliebte germanische Kenning); er ist vermutlich ein König aus Northumberland
104 Godeu: Gegend in Süd-Schottland
105 Rheged: Gegend in Nord-England
106 Owain: ein Sohn des Urien
107 Coel ist ein Vorfahre des Urien, daher bezeichnet die germanische Kenning „Coels Dreck"
    auf abfällige Weise Urien und seine Sippe und die Waliser allgemein.
108 Argoed Llwyfain („Wald von Llwyfain"): unbekannter Ort, vermutlich in Walses

IV 1. f) Das vierte Lied an Urien von Rheged

Rheged[109], erhebe Dich – Deine Heere sind Dein Ruhm!
Ich habe Dir zugesehen – ich gehöre nicht zu Dir:
Sie stöhnen, wenn sie sich Schwertklingen und Kampf gegenüber sehen,
Männer stöhnen unter ihren runden Schilden[110],
Klagen wie gierige weiße Möwen in Mathry[111].
Dieser Kampf gegen Könige war unweise – das will ich nicht leugnen.
Doch ein wahrer König streitet gegen andere Herrscher,
er wird nicht von denen angetrieben, die um eine Gunst bitten.
Er erfreut sich seines Rufes – der schnelle Reiter.
So wie Gwydion[112] seine Künste von seinem Vater Don[113] erhielt:
Wenn Ulph[114] kommt – soll er nicht eine Antwort erhalten?
Bis Urien in seinen Tagen Aeron[115] eroberte
gab es keinen Streit – er war nicht erwünscht;
bis Urien den Kampf mit Powys[116] begann,
trieb keine Wildheit die Sippe von Gyrrwys[117]
und auch nicht die von Hyfeidd[118] oder Gododdin[119].
Tapfere Männer ertrugen Speer-Foltern –
Ich sah, wie Gwydden[120] in seinem Blut davongetragen wurde
in Llwynfenydd[121]. Mein Herr wurde verwundet
bei der Verteidigung einer Festung.
Ein Kampf um die Krone an der Alclud-Furt:[122]
eine Schlacht an Brewyns[123] Bucht, eine berühmte Schlacht,

---

109 Rheged: Gegend in Nordwest-England
110 Runde Schilde waren typisch für die Germanen.
111 Mathry: vermutlich ein Ort an einer ebenen Küste
112 Gwydion: Zauberer im Magbinogion
113 Don: eigentlich Gwydions Mutter, die Mutter- und Flußgöttin Don/Danu, nach der die
    Donau, der Don, die Dnjepr und der Dnjestr benannt worden sind – hier trägt Gwydions
    Vater diesen Namen „Don".
114 Ulph: der germanische Name „Ulf" – möglicherweise ein Angelsachsen-König
115 Aeron: Ayreshire in Schottland
116 Powys: Gegend in Mittel-Wales
117 Gyrrwys: unbekannter Ort
118 Hyfeidd: unbekannter Ort
119 Gododdin: Königreich südlich des Firth of Forth
120 Gwydden: vermutlich ein Verbündeter des Urien
121 Llwynfenydd: Gegend am Fluß Lyvenned in Cumbria
122 Alclud: Süd-Schottland
123 Brewyn: evtl. Bremium bei Rochester; Clutuein und Pencoed müssen in der Nähe liegen

eine Schlacht im Wald, eine Schlacht an einer Flußmündung,
dort wurde mit klingendem Stahl gekämpft:
eine Schlacht in Clutuein[124], ein Kampf in Pencoed,[125]
Wölfe wurden herbeigelockt, strömendes Blut zu trinken.
Kühne Männer wurden zu Fall gebracht,
die Pläne der Angeln[126] wurde zunichte gemacht,
so wurden blutig durch den standfesten Ulph[127] an der Furt.
Es ist besser, den König zu lobpreisen, der des Preisens wert ist.
Der Herr der Anführer Britanniens liebt Reime;[128]
Er erfreut sich nicht der Gewänder, seien sie blau oder golden
oder rot oder heidefarben[129] – danach sucht er nicht.
Er ist gesegelt[130] auf den edlen Rücken,
er hat bestiegen die herrlichen Flanken
der gezügelten Rosse mit feurigem Gemüt.
Vom Sommer bis zum Winter hält er Waffen in seiner Hand,
hielt er Wache an Furt und Festung,
schlief er in Gräben ausgestreckt.
Bis zum Ende der Welt werden alle Berichte dasselbe sagen:
Er wischt seine Feinde beiseite – er verdient das Bild
des 'zerstörenden Blitzes'![131]
Ich brüllte, meine Brust war voller Aufruhr,
die Lanze an meiner Schulter, der Schild in meiner Hand,
als Goddeu[132] und Rheged[133] zum Krieg angeordnet waren.
Ich sah einen Mann, der Vieh raubte –
der ruhmreiche Drache[134], der einzigartige Zertrampler!
Ich sehe Krieg kommen, ich sehe, was verloren werden wird –

---

124 Clutuein („Steinhaufen"): vermutlich ein Ort in Süd-Schottland
125 Pencoed „Wald-Kopf" = „Ende des Waldes"): Küstenstadt in Süd-Wales
126 Angeln: Germanen (ein Teil der Angelsachsen)
127 Ulph: Verbündeter des Urien
128 liebt Reime: er ist ein Freund und Gönner der Barden – und somit auch des Taliesin
129 heidefarben: grün
130 auf einem Pferd segeln: Schiffe wurden als „Holzroß", „Wogenroß", „Meeresroß" u.ä.
    bezeichnet, weshalb es nahelag, das Reiten auch als „Segeln" zu umschreiben.
131 „zerstörender Blitz": anscheinend die Bezeichung eines besonders mutigen Kriegers
    oder siegreichen Fürsten
132 Goddeu („Waldland"): vermutlich eine Gegend in Wales
133 Rheged: Teil des „alten Nordens", ein Gebiet nördlich von Wales und südlich von
    Schottland an der heutigen englischen Nordwest-Küste – dort wurde Kumbrisch
    gesprochen, eine dem Walisischen eng verwandte Sprache
134 Hier wird der König „Drache" genannt.

wie viel werde ich verlieren, wenn das verloren geht!
Ich bin es, der wütend wird, trunken von Met.
Ich folge Hyfeidds[135] kühnen, leidenden Männern –
Ich bin der, der ihn zu seinem Schutz in der Schlacht erklären wird.
Voller Freude verteilt mein Herr Geschenke.
Kein Anführer kann sich mit Urien vergleichen.

Wenn ich alt bin, außer Atem auf meinem Pfad
und der Tod mir naht,
werde ich mich freuen auf manche Weise,
wenn ich Urien preise.

---

135 Hyfeidd: Im Mabinogion ist Hyfeidd der Alte ein König mit einer Tochter, die den Namen
   „Rhiannon" der Mondgöttin trägt – hier muß jedoch ein „normaler" König mit diesem
   Namen gemeint sein.

IV 1. g)   Die Beute des Taliesin

Mein Mut erwachte, ich faßte mir ein Herz und frug mich,
ob ich nicht aufrichtig verkünden sollte, was ich sehe.
Ich sah bei dem König – obwohl er mich nicht sah –
einen jeden Mann, den er liebte, kühn sprechen.
Ich sah Osterkerzen und Laub,
Ich sah die Blätter der Bäume hervorbrechen in dieser Jahreszeit,
Ich sah Zweige, die alle mit Blüten bedeckt waren,
Ich sah den Herrn von Catraeth[136] jenseits der Ebenen.
Möge mein Herr nichts anziehen, was Sorgen bereitet!
Mögen die Geschenke groß sein, die mein Lied belohnen,
von dem Anführer der Männer, der mit reichlich gibt!
Mein Speerschaft aus Esche ist mein heiliges Awen[137],
die Freude meines Antlitzes ist meines Meisters Schildwall[138].
Ein großzügiger Fürst und sehr kühn ist Urien –
Der donnernde Vieh-Räuber hat mir nie etwas versagt,
der Kriegsherr, der Eisen-gekleidete, der Glänzende,
der Weithin-Gefürchtete, der Erhabene.
Jeder verachtet den Feigling und den Narren
an dem Hof des Herrn, der rasch ist, wohin auch immer er zieht.
Die Pracht des gelben Goldes glänzt in seiner Halle –
der reiche Beschützer von Aeron[139].
Er erfreut sich sehr seiner Dichter und seiner Hirsche[140],
und groß ist sein Zorn gegen seine Feinde.
Er hat große Macht über die Clane der Briten.
Wie das Feuer-Rad[141] über der Erde,
wie ein Fluß bei hohem Wasser ist Llwyfennydds[142] wahrer Herr;
Wie eine Hymne oder ein Schlachtlied, das alle kennen,
wie das Meer mit seiner großen Seele ist Urien!

---

136 Catraeth: der Ort Catterick
137 Awen: Richtigkeit
138 Taliesin vergleicht in diesem letzten Vers seine Tätigkeit des Dichtens mit dem Kämpfen der Krieger.
139 Aeron: Ayrshire in Schottland
140 Hirsche: Hat er Freude an der Hirschjagd oder sind das noch die Heiligen Hirsche aus der alten keltischen Tradition?
141 Feuer-Rad: germanische Kenning für die Sonne und keltischer Name für die Sonne (auch als Druiden-Name bekannt)
142 Llwyfenydd: Gegend am Fluß Lyvenned in Cumbria

Geliebt wird das Erwachen des Lichts zu Tagesbeginn,
Geliebt wird der Kriegsherr, der König,
Geliebt sind die Kriegsrosse, die den Krieger schnell sein lassen,
und auch die ersten Tage des Mai[143] als Rast der Krieger.
Geliebt ist der Defwy[144] bei den Menschen, die dorthin gehen.
und der Adler, der über dem Land und dem langen Gebirge kreist.
Ich wäre gerne dabei gewesen auf einem feurigen Roß –
bei dem mächtigen Heer, daß Beute für Taliesin sammelt!
Geliebt ist das Vorwärtspreschen des Helden und seines Rosses,
Geliebt ist der Edle – er ist ein Geschenk für seinen Herrn.
Geliebt sind die Hirsche und die Hindinnen in der Wildnis,
Geliebt ist der Wolf im Ginster-Gestrüpp.
Geliebt ist der der Herr von Eginyds Söhnen[145].
Eine große Begeisterung[146] ist der Kampf der Krieger,
die Begeisterung des feurigen Kriegsschreis.
Die Welpen des Nudd Hael[147] – mögen ihre Länder weithin reichen!
Und wenn ich gesegnet sein soll,
dann laßt ihn die Dichter der Welt glücklich machen,
bevor ich sehe wie Gwyddens[148] Söhne niedergeworfen werden!
Der Herr des Heeres dieses schönen Landes ist Urien.

---

143 erste Tage des Mai: Ist hier Ostern gemeint?
144 Defwy: vermutlich ein Fluß
145 Egynir: eine Vorfahre oder ein Verbündeter des Urien
146 Die Übersetzung von „Begeisterung" ist unsicher – es kann auch „Freude" oder „Ekstase"
    gemeint sein, also die Kampf-Ekstase.
147 Nudd Hael: ein schottischer Verbündeter des Urien
148 Gwydden: ein Verbündeter des Urien

IV 1. h)   Das fünfte Lied an Urien von Rheged

Mit dem tapfersten Anführer
werde ich mich nicht überwerfen.
Ich werde Urien aufsuchen,
für ihn will ich singen.
Unter seinem Schutz
bin ich willkommen,
ich werde an die erste Stelle gesetzt
von dem besten Häuptling.

Mir könnten die wehrlosen Fürsten
nicht gleichgültiger sein.
Ich werde nicht nach Norden gehen,
um bei diesen Feiglingen zu sein.
Ich bin bereit zu bezahlen –
ich verwette all mein Geld;
Ich brauche mich nicht selber zu loben –
Urien wird mich verstoßen.

Llwynfenydds[149] reiche Länder
sind hier in meiner Hand.
Mir gehört ihre Freude,
mir gehört ihre Ernte,
mir die feinen Stoffe,
mir die Schätze,
die Hörner voller Met
und die Dinge, die ich nicht brauche.
Über den König der Völker[150]
habe ich sagen hören:
Haupt aller Könige,
Du wirst zum Sklaven werden.
Sie ziehen gegen Dich,
aber werden vor Dir fliehen müssen.

---

149 Llwynfenydd: Gegend am Fluß Lyvenned in Cumbria
150 König der Völker: Urien

Zum Scherz machte ich einen Witz
über ihn, den alten Mann[151],
Obwohl ich niemanden mehr liebte,
nachdem ich ihn kannte.
Nun sehe ich ganz,
wieviel er mit gibt.
Nur Gott im Himmel
werde ich ihn geben.[152]
Deine königlichen Söhne,
die allerfreizügigsten Männer –
die Speere, die sie schleudern,
singen[153] für ihre Feinde.

Wenn ich alt bin, außer Atem auf meinem Pfad
und der Tod mir naht,
werde ich mich freuen auf manche Weise,
wenn ich Urien preise.

---

151 alter Mann: Urien
152 Taliesin wird Urien allen anderen Männern vorziehen und ihn loben und beschützen.
153 Normalerweise wird über Schwerter gesagt, daß sie „singen" – damit ist ihr Zischen in der Luft beim Zuschlagen gemeint. Das Zischen von Speeren und Pfeilen ist bei weitem nicht so deutlich zu hören.

IV 2.   Die anderen Loblieder des Taliesin

In diesem Abschnitt finden sich die Lieder, die zwar recht sicher von Taliesin verfaßt worden sind, aber sich nicht an Urien von Rheged wenden.

IV 2. a)   Das erste Lied an Gwallag von Lleenawg

Dies ist ein Lied, in dem über die Kämpfe von Uriens Verbündetem Gwallawg berichtet wird, an dessen Hof Taliesin vermutlich zeitweise gewesen ist.

Im Namen des Königs des Himmels
Mögen die, die er[154] ernährt, zu ihm halten.
Seine herrlichen Lanzen entmutigen die Könige,
die gegen ihn sind und sie sind bitter für sie.
Er verteidigte voller Kampfesfreude die Ebene von Lleenawg[155],
er zerstörte die Verteidigung von Unhwch[156].
Mir sind lange Gedenken-Berichte erzählt worden
über die Taten bei Maw-Hecke[157] und Eiddin[158].
Sie wehrten sich,
Clytwyns[159] engstehende Männer.
Man hätte ein gutes Floß bauen können
aus all den Speeren, die in der Hitze des Kampfes hin- und herflogen.
Das Feuer seiner Wut ließ uns alle zu Holz werden.[160]
Die Feinde wurden von Gwallawg[161] fortgewischt.
Du bist ein besserer Pfostenwall[162] als eine Schar Bären!

---

154 er: vermutlich Urien
155 Lleenawg: der Vater von Uriens Verbündetem Gwallawg
156 Inhwch: unbekannter Ort oder unbekannter König
157 Maw-Hecke: unbekannter Ort
158 Eiddin: Edinburgh
159 Clytwyn: evtl. ein König, der eine Schlacht gegen die Pikten (Schotten) gewonnen hat
160 d.h. er verbrannte durch seine Kampfkraft alle seine Feinde
161 Gwallawg: Verbündeter des Urien
162 Pfostenwall: Umschreibung für „Reihe von Männern mit Speeren"

Krieg am Meer wie der Puls eines Liedes –[163]
sein Kampf war mehr als die Männer von York[164] ertragen konnten!
Krieg in Bretrwyn[165] mit einer Feuersbrunst –
königlich ist seine versengende Flamme!
Krieg – und die Cymry[166] eroberten Festungen –
Kriegsheere erschütterten Aeron[167]!
Krieg aus dem Verlangen nach dem Hochland und Aeron –
er bringt den Söhnen Not!
Krieg in den Wildschwein-Wäldern, den ganzen Tag Speere,
Du verabscheust die Feinde!
Krieg bei Gwyddawl[168] gegen Mabon[169] –
es gab keine Überlebenden[170], die hätten berichten können, was dort geschah!
Krieg in Gwensteri [171]– die Angeln[172] wurden besiegt
durch die Speer-Männer des Heeres!
Krieg auf dem Schnee-Moor in der Abenddämmerung –
Gwrangawn[173] war geschickt in der Schlacht!

Seit den ersten Zeilen meines Liedes
sind Könige in der Schlacht ausgelöscht worden.
Männer mit viel Vieh in den Ställen –
Haerarddur[174] und Hyfeidd[175] und Gwallawg[176],
Owain von Mon[177], der von Maelgwn[178] abstammt,
werfen die Räuber nieder!

---

163 Puls eines Liedes: Takt, Rhythmus, „Drive"
164 York: Stadt im Nordosten von England
165 Bretrwyn: die Insel Troon in Ayrshire
166 Cymry: Waliser
167 Aeron: Ayreshire in Schottland
168 Gwyddawl: unbekannter Ort
169 Mabon: vermutlich ein walisischer König
170 Überlebende: überlebende Feinde
171 Gwensteri („Gwen Ystrad" = „Ufer des Winster"): Fluß in Cumbria (Norwest-England), der in die Irische See mündet
172 Angeln: einer der Stämme der Angelsachsen; „Engländer"
173 Gwrangawn: unbekannter König
174 Haerarddur: unbekannter König
175 Hyfeidd: unbekannter König
176 Gwallawg: Verbündeter des Urien
177 Owain von Mon: unbekannter König oder Uriens Sohn Owain
178 Maelgwn = ein mächtiger König von Gwynedd, der ca. 100 Jahre vor dieser Schlacht von 520-549 n.Chr. geherrscht hat

In Pencoed[179] gibt es viele Dolche:
ein weites Meer an Leichen
und ein großer Schwarm an Krähen[180].
In Britannien und Eiddin[181] ist er wohlbekannt,
in Gafran[182] und überall in Brechin[183].
Wenn Du Gwallawg mit seinen schnellen Waffen nie begegnet bist,
hast Du niemals einen echten Mann gesehen.

179 Pencoed: „Wald-Kopf" = „Ende des Waldes"): Küstenstadt in Süd-Wales
180 Die Krähen fressen die Leichen.
181 Eiddin: Edinburgh
182 Gafran: Gowrie in Schottland
183 Brechin: Brechin in Schottland

IV 2. b) Das zweite Lied an Gwallawg von Lleenawg

Dies ist ein Loblied, das von Taliesin verfaßt worden sind, aber sich nicht an Urien selber, sondern an Gwallawg, einen Verbündeten des Urien richtet.

Im Namen des Königs des Himmels singen die Heere Toten-Lieder,
sie singen Trauerlieder, sie klagen um ihren Drachen-Herrn[184],
der die großen Scharen der Feinde zurückschlug,
die Heere von Rhun[185], von Nudd[186] und von Nwython[187] –
für sie singe ich das Barden[188]-Lied der Briten.
Eine Schar der weisen Druiden des Anführers singt mit einer Stimme
und preist ihren König mit einfachen Versen –
doch ich webe eine vielfältige Melodie für meinen Meister,
für meinen Herrn, den das ganze Land fürchtet[189]:
Ich tue ihm kein Schaden – er tut mir keinen Schaden.
Dich zu verlieren ist hart, Herr; Schätze fehlten ihm nie,
dem König, der niemals seine Beute für sich zurückhielt –
doch für den Betrachter sind alle Könige mit einem üblen Schicksal belegt
in ihrem Leben, denn ihre Schätze gehen nicht mit ihnen in ihr Grab.[190]

---

184 Der tote König wurde als eine Schlange (= Totengeist) bzw. als ein Drache (= große Schlange) aufgefaßt. Diese Symbolik ist von dem Sonnengott-Göttervater Dagda/Nuada (Kelten) bzw. Tyr (Germanen) übernommen worden. Diese Symbolk reicht über die Indogermanen und die Jungsteinzeit in Mesopotamien bis in die späte Altsteinzeit zurück. Der Sonnengott-Göttervater ist im Jenseits der Totengott, d.h. der Schlangenkönig oder Drachenkönig. Die keltisch-germanischen Könige trugen z.T. Helme mit einem Drachen bzw. einer Schlange auf ihm. Diese Schlange entspricht auch der Kundalini.

185 Rhun („Mächtiger"): südschottischer oder walisischer König

186 Nudd („der aus der Tiefe"): Herr der Unterwelt – sein Name entspricht dem germanischen „Nid"; hier jedoch ein südschottischer oder walisischer König

187 Nwython („Neue Welle"): Anführer aus Südschottland oder Wales; evtl. sind die drei hier genannten Anführer miteinander verwandt

188 Barde: keltischer Sänger; Druide, der sich auf den Gesang spezialisiert hat – Talisien ist sowohl Barde als Druide und sowohl keltisch als auch christlich; dieselbe Differenzierung gibt es auch bei den Germanen (und bei anderen Indogermanen): bei den Germanen heißt der Sänger „Skalde", der Priester „Diar" oder „Gode"

189 Offenbar singen die Druiden bei der Bestattung die einfachen, traditionellen Totenlieder, während der Barde Talisien eine komplexe Neudichtung vorträgt.

190 Das stimmt zumindestens nicht für die Hügelgräber, in denen den Toten meistens so reiche Schätze mitgegeben worden, daß daraus das Motiv des Drachens (Totengeist) auf seinem Hort (goldene Grabbeigaben) entstanden ist. Das spricht dafür, daß zur Zeit des

Niemals damit zufrieden, ihrem Mut in Raubzügen zu preisen,
blicken sie nun einem härteren Schicksal entgegen.[191]
Die großspurigen Scharen, die Fremde in Britannien sind,[192]
bringen uns zahllose Sorgen, sind schamlos – Schande über sie![193]
Sie werden als Übel ausgerissen, sie sind dem Untergang bestimmt.
Sie werden von jedem Mann mit gesundem Urteil verdammt.
Sein Name ist in Elmet[194] *als der des Gesetzgebers bekannt:*
Es ist kein ungeschickte Mann, dem Tribute gezahlt werden,
kein Sklave in seinen Lumpen, der rücksichtslos in Lumpen daherstampft –
Gwallawg ist schnell im Vorrücken in der Schlacht,
Gwallawg ist langsam im Rückzug in der Schlacht.
Niemand fragt den König, was er als nächstes tun wird,
niemand enthält ihm etwas vor, niemand widerstrebt seinem Willen.

Er verkauft sein fettes Vieh am Ende des Sommers –
er hat seinen Wohlstand nur durch gerechten Handel erworben.
Noch richtiger ist für Dich das Erzählen seiner Siege
durch einen rechten Sänger, der in Rhetorik geübt ist.[195]
Die Kampf-Kraft des Königs wird durch Met[196] *genährt,*
sein Ruhm scheint wie die Sommer-Sonne[197].

Taliesin (oder des Verfassens dieses Liedes) die Tradition der Hügelgräber in der Gegend, die Urien behrrscht hat, schon geendet war.

191 Ist damit ihr Schicksal im christlich geprägten Jenseits gemeint?

192 Fremde in Britannien: Angelsachsen (Germanen aus Süd-Schleswig-Holstein und Nordost-Niedersachsen)

193 Anscheinend ist der „Drachen-Herr" (König; Heerführer) von den Angelsachsen getötet worden.

194 Elmet: Königreich in Yorkshire

195 Die vier Worte „gerecht", „richtig", „rechten" und „Rhetorik" in den vier ersten Zeilen dieser Strophe beziehen sich alle auf „Awen", also auf die Richtigkeit, die in der damaligen Zeit noch der zentrale weltanschauliche Begriff gewesen ist.

196 Der Met ist bei den Germanen und Kelten ihre Variante des indogermanischen Ritual-Tranks gewesen, der unsterblich machen sollte und auf die Symbolik der Milch der Jenseitsgöttin zurückgeht, die den Toten im Jenseits die Wiedergeburt gibt und der sich u.a. auch im Kult der ägyptischen Muttergöttin Hathor findet. Durch die Umwandlung der Jenseitsreise-Ekstase zu einer Kampf-Ekstase bei den Germanen und Kelten ist auch der Unsterblichkeitstrank (Met) zu einem Kampfekstase-Trank geworden. Zumindestens bei den Kelten und bei den Germanen vermittelte er auch die Gabe des Dichtens, die ein Aspekt der Richtigkeit angesehen wurde.

197 Sommer-Sonne: eine Assoziation zu dem keltiuschen Sonnengott-Göttervater Dagda bzw. zu dem germanischen Tyr im sommerlichen Diesseits; der König ist einst durch die

Sein Ruhm wird mit dem allergrößten Geschick
von dem weisen Mann, dem Anführer des Heeres, besungen.
Möge der Wahrsager des Heeres[198] das Angesicht des Sommers[199] sein,
das lebhafte Gesicht des Sohnes von Lleenawg[200].
Rings um den Wall spüre ich sein Licht[201],
spüre ich seine Hitze, das Flirren der Hitze, die Hitze des Flirrens[202].
Solange es schien, entkam niemand ohne Schande den Hieben
der tödlichen Klinge, die der Schlächter[203] schwang![204]
Unser Heer stürmte hindurch – wir waren keine Diebe in der Nacht!
Unsere Gegner waren wie Sklaven – sie waren nicht langsam im Fliehen!
Vor den Rossen brachen Schildbuckel[205] entzwei
und von den Reitern erscholl der Ruf des Tötens!
Deine Kriegerschar liebt Dich, ihren meisterhaften Herrn:
Dir werden die allerhöchsten Geiseln angeboten
und von Caer Glud[206] bis Caer Caradawg[207]
und an allen Waldrändern, o Herr Gwallawg,
halten alle Fürsten Frieden.

Symbolik der Krönungs-Jenseitsreise zu dem „Sohn des Sonnengott-Göttervaters"
geworden

198 Wahrsager des Heeres: das müßt eigentlich ein Druide sein, der mit in den Kampf zieht – ähnlich den Druiden in dem irisch-keltischen Nationalepos „Der Rinderraub von Cuailgne"

199 Angesicht des Sommers: strahlend, frohgemut, voller guter Vorhersagen

200 Lleenawg: der Vater von Uriens Verbündetem Gwallawg; Lleenawgs Sohn = Gwallawg

201 Licht: hellsichtige Wahrnehmung des Totengeistes des Gwallawg?

202 Hitze: Man kann Lebenskraft und somit auch Totengeister als Hitze wahrnehmen – so wie man die eigene Lebenskraft als das Kundalini-Feuer in sich wahrnehmen kann. Anscheinend ist die Wahrnehmung eines Totengeistes etwas, was man bei Druiden und Barden für sehr plausibel hielt.

203 Schlächter: Gwallawg als Kriegsherr

204 Hier wird die Hitze als die Kampf-Ekstase des Gwallawg aufgefaßt, also als seine erwachte Kundalini, die er auf seinen Kampf ausgerichtet hat. Offenbar widersprachen sich beide Auffassungen (Totengeist-Licht/Hitze und Kampfekstase-Licht/Hitze) nicht – beides sind Wahrnehmungen der Lebenskraft. Die Kampfekstase und ihre Kundalini-ähnlichen Phänomene werden bei einem der Kämpfe des Cú Chulain im irisch-keltischen „Rinderaub von Cuailgne" mit vielen Details beschrieben.

205 Schildbuckel: bronzene Halbkugel in der Mitte der runden germanischen und hier auch keltischen Schilde, in der sich der Schildgriff befand

206 Caer Glud: Festung von Dumbarton

207 Caer Caradawg (auch „Caer Caradoc"): Festung des Königs Caradoc in Wales

IV 3.   Die Todeslieder

Diese Art von Liedern ist bei den Indogermanen weit verbreitet gewesen. Diese Lieder sind sozusagen die „Kapitel" in dem von den Sängern auswendig gelernten „Geschichtsbuch" des Stammes bzw. Volkes.

IV 3. a)   Das Todeslied für Owain

Die Seele des Owain[208], Uriens Sohn –
möge der Herr[209] ihre Not sehen!
Rhegeds[210] Fürst ist tief verborgen unter schwerem Torf[211] –
es ist keine einfache Sache, sein Loblied zu singen.
Eine Kammer unter der Erde[212] für diesen ruhmreichen Helden –
sein Speer ist im Flug wie die Schwingen der Dämmerung.
Du wirst niemanden finden, den Du mit ihm vergleichen kannst,
Fürst des schönen Llwyfenydd[213],
sein Griff war fest, er erntete Feinde[214],
er hatte den Geist seines Vaters und seiner Vorfahren.
Als Owain Fflamddyn[215] tötete,
hat er ihm den Schlaf[216] gebracht.
Schlaf hielt die große Horde des Heeres des Lloegr[217],
ihre toten Augen starren in das Licht.
Und die, die nicht weit genug geflohen sind,
zeigten mehr Mut als gut für sie war:
Owain strafte sie, zeigte keine Gnade,

---

208 Owain: vom lateinischen „Eugenius" für „von edler Herkunft" (deutsch: Eugen") abgeleitet und mit walisisch „ain" für „Lamm" sowie evtl. auch mit russisch Iwan und spanisch Juan, die Varianten von „Johannes" sind, assoziiert

209 Herr: Gott

210 Rheged: Fürstentum an der Westküste nördlich von Wales

211 Torf: Grab oder Hügelgrab

212 „Kammer unter der Erde" könnte sich zwar auch auf einen Sarg beziehen, aber diese Formulierung wäre für eine Grabkammer in einem Hügelgrab passender.

213 Llwynfenydd: Gegend am Fluß Lyvenned in Cumbria

214 Feinde ernten: sie wie Getreide niedermähen

215 Fflamddywn: „Flammenträger" = Schwertträger = Krieger; hier ein englischer Heerführer

216 Schlaf: Tod

217 Lloegr: Südost-England (Angelsachsen)

er war sie nieder wie der Wolf die Herde.
Eine stattliche Gestalt in ihrer Kampfkleidung[218] –
er gab freizügig Rosse den, die darum baten.
Obwohl er Schätze wie ein Geizhals hortete,
teilte er sie freigiebig um seines Seelenheils willen.
Die Seele des Owain, Uriens Sohn –
möge der Herr ihre Not sehen!

---

218 Kampfkleidung: Brünne und Helm, allgemein Rüstung

IV 3. b) Das Todeslied für Madawg [219]

Madog, ein Wall des Wohlergehens,
Madog, bevor er zur seiner Ruhe ging,
war eine Festung der Pracht,
von Wettstreit und Fröhlichkeit.
Bevor er, Uthers[220] Sohn, getötet wurde,
verpflichtete er sich eigenhändig.

---

219 Es ist unbekannt, wer Madog (Madawg) gewesen ist.
220 Uther: Vater des Königs Arthus; Madog müßte also Arthus Bruder oder Halbbruder sein

IV 3. c) Das Todeslied für Cú Roi mac Dayry [221]

Aus des Meeres weiter Quelle quillt die Flut hervor:
sie rückt vor, zieht sich zurück, sie wirft nieder, zerstört.
Das Klagelied für Cú Roi hat mich bedrückt;
das kalte Verstummen eines harten Mannes voller Leidenschaft:
Ich habe nur selten von einem größeren Unglück gehört.
Der Sohn des Dayry – er befuhr die südliche See;[222]
Sein Ruhm war unbefleckt bevor er starb.

Aus des Meeres weiter Quelle quillt die Strömung hervor:
sie rückt vor, zieht sich zurück, sie wirft nieder, zerstört.
Das Klagelied für Cú Roi hat mich auch traurig gemacht;
das kalte Verstummen eines harten Mannes voller Leidenschaft:
Ich habe nur selten von einem größeren Unglück gehört.

Aus des Meeres weiter Quelle quellen die Wasser hervor:
sie rauschen, greifen die Küste an, schnell drängen sie.
Ein Mann, der erobert, besitzt große Schätze;
ein Mann, der wie Manaw[223] zu Heimstätten[224] hinzieht.

Was wissen die Mönche von dem Schätze-Ergreifer?
Solange er lebte, war der rasch Siegende kühn und schnell –
ich habe diese wahren Geschichten quer durch die Welt gehört –
Cú Roi hatte Streit mit Cú Chulain[225],
mit häufigem Kampf an ihren Grenzen.
Der Mast[226] der leidenden Männer ist zerborsten.
Gott hat eine Festung, die weder fallen noch erzittern wird:
Gesegnet ist die Seele die Ihn[227] verdient hat.

---

221 Cú Roi, der Sohn des Dayry, ist ein mythologischer Seefahrer, der des öfteren Streit mit
   dem irischen Nationalhelden und Sonnengott-Sohn Cú Chulein gehabt haben soll – Wales
   und Irland liegen einander auf den beiden Seiten eines schmalen Meeres gegenüber.

222 südliche See: vermutlich das Mittelmeer

223 Manaw: die Gegend südlich des Firth of Forth; hier ist der Fürst von Manaw gemeint

224 … um sie zu plündern …

225 Cú Chulain: irischer Sagenheld (entspricht recht gut dem germanischen Siegfried), Sohn
   des Sonnengottes Lugh, Ekstase-Kämpfer mit erwachter Kundalini

226 „Mast" steht hier (pars pro toto) für „Schiff" – ähnlich wie das germanische „Kiel" für
   „Schiff".

227 Ihn: Gott

IV 3. d) Das Todeslied für Dylan, den Sohn des Meeres

Der walisisch-keltische Name „Dylan" bedeutet „große Flut" und ist eine Variante des irisch-keltischen Manannan, dessen Name „Wasser" bedeutet und der mit der Isle of Man identifiziert worden ist, die von Wales aus gesehen im Westen liegt und daher eine Jenseitsinsel gewesen ist. Dort hat es auch eine Druidenschule gegeben – und die Druiden erhielten ihre Weisheit (aus mythologischer Sicht bzw. per Visionen) aus dem Jenseits von dem Sonnengott Lugh.

Sowohl Dylan als auch Manannan wurden „Sohn des Meeres" genannt, weshalb sie der Sonnengott in der nächtlichen Wasserunterwelt sein werden. Manannan wurde meistens „Manannan mac Lir" genannt. Dieses „Lir" ist mit dem Namen des germanischen Meeresgottes „Hler" identisch.

Letztlich ist Dylan eine walisische Variante des indogermanischen Meeresgottes, der der Sonnengott in der nächtlichen bzw. winterlichen Wasserunterwelt ist – wie der keltische Nuada, der germanische Hler bzw. Ägir, der römische Neptun oder der griechische Poseidon.

Dylan wird im Mabinogion von seinem Onkel, dem Schmiedegott Goibniu, getötet. Hier ist ein altes west-indogermanisches Motiv umgedeutet worden: Der Sonnengott-Göttervater ist bei den West-Indogermanen als Krieger auch zu einem Schwertgott geworden. Da er ein am Abend sterbender Sonnen- und Schwertgott war, entstand das Motiv des am Abend zerbrechenden Schwertes, das dann in der Unterwelt von dem Schwertgott-Sonnengott-Göttervater neugeschmiedet werden mußte, wodurch dieser dann auch noch zu einem Schmiedegott wurde: der keltische Goibniu, der germanische Wieland, der römische Vulcanus, der griechische Hephaistos usw.

Den Kelten war die ursprüngliche Identität des Meeresgottes und des Schmiedegottes nicht mehr bewußt, sodaß diese beiden auch Feinde werden konnten.

Auf den Schmiedegott weisen in dem folgenden walisischen Klagelied lediglich noch die Schmiede-Bilder in der zweiten und dritte Zeile hin.

Ein höchster Gott, Weisester der Weisen, Größter an Macht –
Wer hat das heiße Metall gehalten, wer hat es mit Schlägen geschmiedet?
Und wer hat zuvor die Beharrlichkeit der Kraft der Zangen sicher gehalten?
Der Pferdemeister starrt – er hat den tödlichen Stoß ausgeführt, ein Gräueltat:
Dylan auf dem Strand tödlich niederzuschlagen – Gewalt an den Wassern des Ufers,
an den Wogen aus Irland, an den Wogen aus Manaw, an den Wogen aus dem Norden,
und viertens, an den Wogen von Britannien mit den glänzenden Heeren.
Ich flehe zu Gott, zu dem Gott und Vater des Königreichs, das kein Abweisen kennt,
zu dem Schöpfer des Himmels, der uns in seiner Gnade willkommen heißen wird.

IV 3. e)   Das Todeslied für Cunedda

Cunedda war der Urgroßvater des Königs Maelgwn Gwynedd und hat um ca. 500 n.Chr. gelebt. Möglicherweise ist dies ein recht altes Lied, aber sicher ist dies nicht – die Sprache und einige historische Angaben sind zumindestens recht altertümlich.

Cunedda hat ungefähr um 300 n.Chr. gelebt und zu der Zeit die Dynastie von Gwynnedd begründet. Sein Vater hieß Edern und sein Großvater Pader. Vermutlich haben sie römische Vorfahren, da diese beiden Namen die walisische Variante der beiden lateinischen Namen „Aetenus" und „Paternus" sind.

Noch das heutige britische Königshaus geht über Henry II von Schottland, Kenneth mac Alpin, Bruide und Maelgwn Gwynedd auf Cunedda zurück.

Ich bin der feurige Taliesin.
Ich habe der Christenheit Lieder gegeben:
Ich preise die zahlreichen Wunder des Christentums
zwischen den Höhen, der See und dem süßen Wasser.
Die Beben[228] bei Cuneddas Fall
fühlte man noch in Caer Wair[229] und Carlisle.[230]
Eine Woge des Krieges wird über die Städte hereinbrechen:
Viele Menschen werden den Angriff fürchten,
die Woge des Feuers, eine Strömung des Meeres;
die Tapferen werden sich gegenseitig zum Krieg rufen.
Seit er[231] seinen Wohnort im Himmel gesichert hat,
ist der Wind wie ein Seufzen[232] in den Eschen[233].
Seine Hunde[234] verlangen nach seiner Gegenwart.
Sie hielten Frieden mit den Nachkommen des Coel.[235]
Sie kleiden[236] Dichter, die die Regeln kennen,
sie beklagen Cuneddas Tod so wie ich es tue:

---

228 Ein Erdbeben wurde damals als eine Erschütterung der rechten Ordnung angesehen und trat folglich bei dem Tod von Göttern, Helden und Königen auf.

229 Caer Wair: Ort in Northhumbria

230 Carlisle: Stadt in Cumbria

231 er: Cunedda

232 Seufzen: Der Wind klagt über Cunedas Tod.

233 Eschen: Sie sind die höchsten Bäume und folglich dem Himmel und Cunedda im Himmel am nächsten.

234 Hunde: Krieger

235 Coel: Vorfahre der Könige von Rheged

236 Hier sind Gewänder als Belohnung für Lieder gemeint.

Wir klagen um den standhaften Verteidiger, um den standhaften Gefährten,
den Unbesiegbaren, den Edlen – nun liegt er gefangen:
In der Tiefe der Wunde des Grabes[237] liegt er gebunden.
Ich frage: Wo ist das harte, kahle Grab
von einem, der noch Knochen-härter als er gegen seine Feinde war?
  Cunedda der Stürmende: Bis zur Zerstörung der Erde[238]
    wird seine Ehre bewahrt bleiben.

Viele Male bevor unser Verteidiger getötet wurde
wischte er in der Schlacht die Berenicianer fort –[239]
da jammerten sie vor Angst und Schrecken
vor dem kalten Weg in die Erde zu dem schrecklichen Tod;
wie ein Schwarm[240] der das verwobene Walddickicht aufsucht.
Die Waffen wegzustecken ist eine Feigheit, die schlimmer ist als der Tod.
Es ist des Todes trauriger Schlaf, den ich beklage –
am Fürstenhof und an Cuneddas Leichentuch.
  Ich sehne mich nach einer Meeresbucht, nach des Meeres Fließen –
    nach der Herde und dem Herd sehne ich mich.

Ich verspotte die Sänger, die andere beneiden;
Ich schätze die, die Lobpreisungen singen.
  Es gab ein Schlacht-Wunder mit neunhundert Rossen
    vor Cuneddas letzter Kommunion.

Er gab mir Milchkühe im Sommer,
er gab mir Rosse im Winter;
er gab mit hellen Wein und Öl,
er gab mir Sklaven zu meinem Schutz.
Er war ein kühner, bissiger Angreifer,
scharfäugig, ein Löwen-gleicher Anführer.
  Ederns Sohn[241] legte vor dem Schmerz seines Todes
    Feindesland in Asche.

---

237 Das Grab als Wunde der Erde? Das wäre ein sehr ungewöhnliches Motiv. Oder ist
   „Wunde" einfach nur eine Assoziation zu dem Tod des Cunedda?
238 Zerstörung der Erde: Jüngstes Gericht
239 Berenicia: Nord-Northumbria
240 Schwarm: Bienenschwarm
241 Cunedda war der Sohn des Edern von Tadern

Er war kühn, unbesiegbar, unerbittlich,
eine Strömung, eine schreckliche Woge des Todes.
Er trug seinen Schild in der Vorhut,[242]
  seine Edlen waren starke Männer.

Ich will klagen, um des Helden Wein zu entgelten –
  dieser Nachkomme des Coel[243] *ist zerstört.*

---

242 d.h. Cunedda hat immer an der vordersten Front gekämpft.
243 Coel: Vorfahre des Urien von Rheged

IV 3. f)   Das Todeslied für Uther Pendragon

Uther war der Vater des König Arthus. Der Name „Uther" bedeutet „Schrecklicher". Sein Beiname „Pendragon" kann als „Anführer der Krieger" und als „Drachenkopf" aufgefaßt werden, da „pen" die Bedeutung „Kopf, Haupt, Häuptling, Anführer" hat und „dragon" die Bedeutung „Drache, Schlange, Totengeist, Krieger". „Pendragon" bezeichnet auch den „obersten Drachen", d.h. den Großkönig und den Heerführer.

Als „Anführer der Krieger" ist Uther der König; als „Drachenkopf" wäre er jemand, der die Kampfekstase beherrscht, d.h. der seine Kundalini aufsteigen lassen kann – die Kundalini-Schlange auf vielen keltischen und germanischen Helmen oben auf dem Helmgrat dargestellt worden. Als Kampfekstase-Krieger (germanisch: Berserker) wäre er natürlich auch ein „Schrecklicher". Als „Drachenkopf" wäre Uther zudem mit dem Sonnengott-Göttervater verbunden, da dieser in der nächtlichen Unterwelt zu dem größten der Drachen wird – dieses indogermanische Motiv wird u.a. auf den germanischen Bildsteinen dargestellt.

In der Uther-Sage gibt es viele Hinweise auf alte Mythen, was vermuten läßt, daß in die Berichte über Uther viele alte religiöse Vorstellungen eingeflossen sind.

Dieses Lied ist zugleich ein Todeslied und ein Selbstlob-Lied: Uther singt es für sich selber auf seinem Weg ins Jenseits, d.h. der Barde, der dieses Lied vorträgt, singt es, als wenn er selber Uther Pendragon wäre – was natürlich die Dramatik des Vortrags deutlich steigert …

Ich bin es, der in der Schlacht befiehlt;
Ich werde den Streit nicht beenden, bevor Blut geflossen ist.
Ich bin es, der „glänzende Rüstung" genannt wird;
Mein ist die Bissigkeit, die alle Feinde vertreibt.
Ich bin es, der Fürst, der in der Finsternis führt.
Möge unser Gott, der einzige Licht-Geber, mich verwandeln!
Ich bin es, der ein zweiter Sawyl[244] ist, wenn das Licht verlöscht,
Ich werde die kämpfenden Heere nicht trennen bis Blut vergossen worden ist.
Ich bin es, der gekämpft hat, um Schätze heimzuholen
in dem tödlichen Kampf mit der Sippe von Casnur[245].
Ich war kein Neuling im Blutvergießen bei Gwythur[246]
und bei dem Schwertlärm bei den Söhnen des Cawnur.[247]

---

244 Sawyl: walisischer König
245 Casnur: unbekannter Fürst
246 Gwythur: unbekannter Fürst, ursprünglich der Name des keltischen Sonnengottes Gwen, der sich auch in Taliesins Jugendnamen „Gwion Bach" findet
247 Cawnur: unbekannter König

Ich war es, der den Schutz meiner Festung mit anderen teilte –
Arthus selber hat nicht mehr als ein Neuntel[248] meiner Stärke.
Ich war es, der hundert[249] Burgen erstürmt hat;
Ich war es, der hundert Burgherren getötet hat;
Ich war es, der hundert ihrer Gewänder verteilt hat;
Ich war es, der hundert Köpfe abgeschlagen hat;
Ich war es, der Henben[250] Schwerter gegeben hat,
die mächtig in seiner Verteidigung waren;
Ich war es, der sein Mahl bei dem Friedensschluß einnahm.
Ein eisernes Tor[251], ein Wall aus Feuer auf dem Berg[252],
einsam, belagert – doch ich habe noch immer starke Sehnen.
Die Welt würde ohne meine Nachkommen nicht weiterbestehen.
Ich bin ein Sänger, der für sein Geschick des Preisens würdig ist –
Laßt Lobpreisungen erschallen unter den Raben, Adlern, Raubvögeln![253]
Afaggdu[254] hat keinen kleinen Lohn dafür erhalten,
daß er dem gealterten Krieger[255], der zwischen zwei Bergrücken gefangen war, half.[256]
Zum Himmel aufzusteigen war das, wonach ich mich gesehnt habe,
hinauf jenseits des Fluges des Adlers und jeglicher Furcht vor Verletzung.
Ich bin ein Barde und ich bin auch ein Harfner,[257]
ich spiele die Flöte und auch die Leier.
So groß wie das Geschick von sieben mal zwanzig Sängern

---

248 Neuntel: „9“ = „zum Jenseits gehörig“ – eine hier unerwartete Symbolik; sie paßt auch
  nicht so recht dazu, daß Arthus der Sohn des Uther Pendragon ist
249 hundert: „groß“ oder „das Wichtigste“
250 Henben: evtl. der Barde Heinin in der „Geschichte des Taliesin“
251 eisernes Tor: Jenseitstor – Eisen wurde seit der Jungsteinzeit mit dem Jenseits assoziiert,
  da dieses Metall anfangs nur von Meteorien bekannt war, die man für Bruchstücke des
  Himmels hielt. Aufgrund dieser Symbolik heißt die Jenseitsgöttin bei den Germanen auch
  Jarnvidja („Frau aus dem Eisenwald“) und aus demselben Grund sitzt der Pharao den
  Pyramidentexten zufolge im Jenseits auf einem eisernen Thron.
252 Feuerwall auf einem Berg (Germanen: Waberlohe in bzw. auf dem Hügelgrab): das
  Bestattungsfeuer bei einer Hügelgrab-Beisetzung
253 In dem Satz in diesen beiden Zeilen setzt der Barde sein Lied dem Kampf des Uther
  gleich und lobt somit nicht nur Uther, sondern auch sich selber. Die Lobpreisungen der
  Vögel sind deren Dank und Geschrei beim Fressen der Leichen auf dem Schlachtfeld.
254 Afaggdu: Taliesin, auch wenn diese Gleichsetzung etwas ungenau ist, da Afaggdu der
  Sohn der Cerridwen war, für den ihr Zaubertrank bestimmt war, den dann versehentlich
  Gwion trank, der dann von Cerridwen als Taliesin wiedergeboren wurde.
255 gealterter Krieger: Uther
256 helfen: vermutlich durch das Vortragen des Todesliedes des Uther
257 Die meisten Barden (und auch Druiden?) scheinen Harfner gewesen zu sein.

ist die Größe meines eigenen Könnens.[258]
Ich war ein Schutz für die, deren Schild zerborsten war,
ein schneller Flieger, ein Geflügelter.[259]
Dem Sohn ein Lied des Barden –
zu Maria, o Vater allen Geschickes,[260]
wendet sich meine Zunge, um dieses Todeslied vorzutragen.
Auf einem Fundament von Felsen steht der Wall der ganzen Welt
und zu Britanniens Tag des Triumphes fliegen meine Gedanken voller Freude –
König des Himmels, mögest Du niemals von meinen Gebeten fortblicken!

---

258 „Taliesin" wechselt in diesem Lied ständig zwischen der Perspektive des Barden und des Fürsten hin- und her und setzt die zu diesen beiden gehörenden Motive immer wieder einander gleich.

259 Flieger, Geflügelter: vermutlich ein Pfeil – der Pfeil wäre dann das aktive Gegenstück zu dem passiven Schild in der vorigen Zeile

260 Sohn, Maria, Vater: Jesus, Maria, Gott Vater

IV 3. g)   Das Klagelied für einen Fürsten

Unheil für die Insel[261], durch Lieder bekannt – Gewalt auf allen Seiten:
das gesegnete Mon,[262] berühmt für Tapferkeit, Menai[263] ist ihr Tor.
Ich habe Tränke getrunken, Wein und Honig-Bier, mit einem Bruder, einem Beschützer,
einem geehrten Herrn; er wurde getötet – ein Ende, das zu allen Königen kommt.
Die Edlen trauern, die Edlen des gerechten Fürsten, seit dem Tag, an dem er fiel.
Es gab niemals seinesgleichen im Krieg und es wird es auch niemals wieder geben.
Als dieser Fürst von Gwydions Land [264]kam, von Caer Seon[265] –
ein bittres Geschehen, vier geschorene Häupter[266] kamen um Mitternacht –
Krieger fielen, nirgends ein Versteck in den Wäldern, die Winde tosten.
Math und Eufydd[267] könnten durch geschickte Magie einen Mann befreien.
In Gwydions und Anatheons[268] Tagen gab es Weisheit.
Sein Schild zerborsten, doch stark, verschmähte er die Flucht – stark und standfest:
Mächtig im Druck seines Kampfes, er war kein See-Händler!
Mächtig auf jedem Fest, in jedem Rat – was er wollte, wurde getan.
Geliebt bis zu seinem Tod – solange ich lebe, werde ich ihn preisen.
Laß mich von Christus, damit ich nicht traurig werde, die Hilfe der Apostel erhalten;
Der großzügige Fürst – möge ihm der Engel Willkommen zuteil werden!

Unheil für die Insel, gerühmt in allen Liedern, Gewalt allenthalben.
In des jungen Kriegers Gegenwart, in der Burg von Wales, war es gut zu leben –
ein Drachen-Held[269], der rechtmäßige Herr von ganz Britannien.
Der König ist tot, der hohe Fürst, die Erde hat ihn bedeckt.
Und die vier Maiden[270], wenn ihr Fest vorüber ist – wie grausam ist ihr Stolz!

---

261 Insel: Angelsey
262 Mon: die Insel Angelsey
263 Menai: die an der engsten Stelle nur 150m breite Straße von Menai trennt das Festland
   von Angelsey
264 Gwydion: Magier aus dem Mabinogion, Onkel des Lleu; sein Land: Wales
265 Caer Seon: das heutige Caernafon in Wales gegenüber der Insel Angelsey
266 geschorene Häupter: möglicherweise Druiden, die durch ihre Magie den Krieg beeinflus-
   sten
267 Math und Eufydd: zwei befreundete Magier (Druiden) aus dem Mabinogion
268 Anatheon: Bruder des Magiers (Druiden) Math aus dem Mabinogion
269 Drachen-Held: König; Nachkomme des Sonnengottes, der in der Unterwelt zu einem
   Drachen wird – das ist dieselbe Symbolik wie die des Drachenthrons des chinesischen
   Kaisers
270 vier Maiden: Dem Zusammenhang nach können es eigentlich nur die „wyrd sisters", also
   die „Schwestern des Schicksals" sein, die den germanischen Nornen, den römischen
   Parzen und den griechischen Moieren entsprechen – allerdings erscheint die Jenseitsgöttin

Eine grausame Wahrheit zur See und auf Land – so eine Schande! –,
daß seine treuen Gefolgsleute überhaupt nichts für ihn tun können.
Doch ich würde Schuld auf mich laden, wenn ich meinen Gönner nicht feiern würde.
Wenn die Königin einst geht, wer wird sie[271] dann tadeln, wer die Ordnung wahren?
Wenn der König gegangen ist, wer wird Mon[272] mit seiner großen Fülle beschützen?
Laß mich von Christus – damit ich nicht traure, in guten und in schlechten Tagen –
einen Anteil an der Gnade des Landes des Ruhmes erhalten – und ewiges Leben!

---

bei den West-Indogermanen stets als drei und nicht als vier Schwestern.
271 sie: die Menschen in dem Reich, die sich auf unrechte Weise verhalten
272 Mon: Angelsey

IV 4.   Die Selbstlob-Lieder

Bei den Indogermanen ist das Selbstlob der Sänger weit verbreitet gewesen – vor allem im Westen bei den Kelten und Germanen ist dieser Brauch gut bekannt … aber es heißt auch in der Bibel, daß man sein Licht nicht unter den Scheffel stellen soll …

In diesen Liedern wird in den meisten Fällen gleichzeitig das dichterische Unvermögen fast aller anderen Barden wortreich angegriffen – wodurch die eigene Vers-Kunst nur noch heller geleuchtet hat. Später entwickelten sich daraus die Sänger-Wettstreite und die Beleidigungs-Wettstreite.

Eine ausführliche Darstellung dieses Themas findet sich in meinem Buch „Sozial-religiöse Rituale" in der Reihe „Die Götter der Germanen".

IV 4. a)   Das erste Dichter-Selbstlob und Dichter-Spott

Eine Zeit des Siebens und des Bedenkens
für britische Dichter mit sinnlosen Versen:
Meine eigene große Stärke meine eigene große Standfestigkeit
bringt Ermutigung zu dem Chor der Dichter.
Ich bin eine Rute für den Rücken der Bemühungen der Dichter[273]
Fünfzehntausend von ihnen, die versuchen es hinzukriegen!
Ich bin ein alter Sänger von vorzüglichen Liedern.
Ich bin scharf und hart, ein Schamane, ein Weiser, sein geschickter Künstler,
eine Schlange, eine Verführung, gierig nach Nahrung.
Ich bin nicht mit Taubheit geschlagen, ich werde nicht stottern;
wenn die Sänger singen, was sie auswendig gelernt haben,
kein Werk, das sie erschaffen, wird meine übertreffen.
Wenn sie mit mir wettstreiten, wird ihr Schicksal so sein
als ob sie sich anziehen wollten, obwohl sie keine Hände haben,
als wenn sie in Seen tauchen würden, obwohl sie nicht schwimmen können.

Die donnernde Flut strömt ohne Furcht dahin,
mit lautem Tosen – ein Schrecken für die Heime.
Doch über den Wogen steht nach Gottes Plan ein Fels[274].
Der Fluchtort der Feinde ist dunkel und voller Angst –

---

273 Die Zeile bedeutet, daß die Vorzüglichkeit des Taliesin das Unvermögen der Pseudo-Dichter mit einem Rohrstock verprügelt.

274 Fels über der Flut: evtl. die Burg des Urien auf dem Hügel an der Meeresküste

doch dieser Fels ist der Hochkönig, der Richter von allen,
der Herr, der uns vor Freude trunken macht.
Ich bin eine Kammer, ich bin ein Span, ich bin ein Gestaltwandler,
eine Bibliothek an Liedern, ein Heiligtum für Leser.[275]
Ich liebe die bewaldeten Hänge, ich liebe den warmen Schutzort,
Ich liebe wahre Dichter, die sich nicht ihren Ruhm erkaufen.
Ich liebe nicht jene, die von Streitereien leben
und von Zerrbildern der Dichtung, die keine Schätze verdienen.
Doch nun ist es an der Zeit, die Waffen zu ergreifen –
zusammen mit denen, die in der Kunst der Verse geübt sind –
gegen die unfähigen Sinnlosigkeiten meiner Feinde.[276]
Oh Schäfer aller Weiden, seid mein Fluchtort und meine Hilfe![277]
Dieser Klang ist wie Marschieren in den Krieg ohne Füße,[278]
wie das Planen einer Reise ganz ohne Füße,
wie das Sammeln von Nüssen wo es gar keine Bäume gibt,
wie das Jagen nach Keilern in der Hochland-Heide,
wie das Befehlen eines Überfalls ohne auch nur einen Ton von sich zu geben,
wie ein Heer von Kriegern ohne jemanden, der Befehle gibt,
wie das Speisen der Bedürftigen mit Fetzen von Fell,
wie der Versuch eine Schildkröte mit Stöckchen zu töten,
wie das Fangen von Luft mit einem Hirtenstab,
wie Disteln, die kein Blut hervorstechen können,
wie ein Licht, das man einem Blinden zeigt,
wie ein nackter Mann, der Kleider fortgibt,
wie Schaum entlang des Strandes verteilen,
wie Fische mit Milch füttern,
wie das Bedecken einer Halle mit einem Dach aus Blättern,
wie das Benutzen von Zweigen um eine Keule zurecht zu schlagen,
wie Dyfed[279] *mit einem einzigen Wort auszulöschen.*[280]

---

275 Diese „ich bin …"-Sätze sind typisch für die Selbstdarstellung und das Selbstlob der Barden.

276 In dieser Strophe wird der Sänger-Wettstreit einem Kampf mit Waffen verglichen.

277 Die Bedeutung dieses Verses ist unklar.

278 In diesem und in den folgenden Versen beschreibt Taliesin das Unvermögen der anderen Dichter. Dieser „Beleidigungs-Wettstreit" hat eine lange Tradition und ist auch von den Germanen gut bekannt.

279 Dyfed: Südwest-Wales

280 Im Mabinogion hat ein Magier die gesamte Bevölkerung von Dyfed ausgelöscht – vermutlich hat er für seinen Zauber deutlich mehr als nur ein einziges Wort benötigt.

Ich bin der Barde der Halle, ich bin der Mann auf dem Stuhl,[281]
ich lasse die Dichter stottern, wenn sie sprechen.[282]
Und mögen wir alle, bevor ich in ein unbequemes Grab gelegt werde,
Platz in Deinem Haus finden, Mariens Sohn!

---

281 Die Barden erhielten einen besonderen Stuhl als Zeichen ihres Ranges.
282 Dieses „Stottern-lassen" wird in der Geschichte des Taliesin beschrieben.

IV 4. b)   Das zweite Dichter-Selbstlob und Dichter-Spott

Ein Dichter? Schaut – ist das einer?
Er wird nur singen, was ich bereits gesungen habe ...
Laßt ihn singen wenn der weise Mann geendet hat –
dann wird er nur noch schweigend auf seinem Platz sitzen.
Der großzügige Gönner, der 'Nein' zu mir sagt,
wird nichts von ihm erhalten, das er nicht entlohnen kann.[283]
Doch durch die Worte des Taliesin
kommt Nahrung wie himmlisches Manna.
Als Cians Worte geendet waren,
kamen Frieden und Schutz auf allen Seiten.[284]
Bis der Tod kommt, wird es ein Geheimnis bleiben
was Afagddu[285] *ankündete:*
Mit Geschick fügte er
seine Worte in guter Ordnung an.
Und Gwion[286] *erhob sich und sprach:*
„Es wir einer kommen aus den Tiefen
und den Toten Leben bringen –
er ist kein Reicher."[287]
Sie alle wollten ihren Kessel zum Kochen bringen
obwohl sie kein Feuer entfacht hatten[288] *–*
sie weben ihr Wort-Knoten[289]
bis ans Ende der Welt.
Die Leidenschaft ist es, die die Lieder

---

283 Der Gönner, der den anderen Dichter dem Taliesin vorzieht, kann alles entlohnen, weil die Worte der Pseudo-Dichter nichts wert sind ...

284 Der Barde Cian lebte zur Zeit von Taliesin – offenbar hat Taliesin die Dichtung des Cian wertgeschätzt.

285 Afagddu: Dies ist entweder der Sohn der Cerridwen, für den der Weisheits-Trank bestimmt war, den dann Gwion, d.h. der spätere Taliesin getrunken hat, oder der Sohn des Taliesin, der auch diesen Namen trug – diese zweite Möglichkeit ist wahrscheinlicher, weil Afagddu Cerridwen-Sohn eben nicht weise geworden ist.

286 Gwion: Taliesin bevor er den Weisheitstrank getrunken hat und bevor er gestorben und wiedergeboren worden ist

287 Dies ist entweder eine Beschreibung der Jenseitsreise des Gwion/Taliesin oder des Christus – oder von beiden.

288 Das bezieht sich auf die Dichtkunst der Pseudo-Barden. Vermutlich ist hier auch eine Assoziation des Kessels mit dem Dichter-Met und dem Trank in dem Kessel der Cerridwen, durch den Gwion/Taliesin seine Weisheit erhielt, beabsichtigt.

289 Wort-Knoten: das Gegenstück zu „richtigen Versen"

aus dem tief meditierenden Weisen hervorbringt.[290]
Und was diese unfreundliche Schar[291] *angeht:*
Welches Wissen haben sie?
Es ist ein so großer Hort an Dichtung der Menschen
auf eure Zungen gelegt worden –
warum tragt ihr nicht eure Dichtungen vor
und schüttet Segnungen über den glitzernden Trank aus?[292]
Wenn ihr mit euren holperigen Versen fertig seid,
werde ich ein richtiges Lied vortragen –
über einen, der aus der Tiefe kam und Fleisch annahm:[293]
Ein Eroberer ist gekommen,
einer der drei Richter der Schöpfung[294]
... ...[295]

sechzig ganze Jahre lang
lebte ich in der Einsamkeit,
in den Wassern, die die Erde umgeben,
in allen Ländern dieser Welt;[296]
hundert Diener waren dort
um mir glanzvoll aufzuwarten –
sie wurden mit der Eibe[297] *geboren,*
sie werden sterben, wenn sie fällt –
beim Lied des Heeres,
beim Gesang der Prophezeiungen.[298]
Das Fließende, die Tochter des Meeres,
hatte wenig Verlangen
nach Gold und nach Silber.[299]

---

290 Leidenschaft: Ist hier die Erweckung der Kundalini („Leidenschaft") durch tiefe Meditation gemeint?

291 unfreundliche Schar: die Pseudo-Dichter

292 Hier ist das übliche Trank/Dichtung-Motiv umgekehrt worden: Die Dichtung segnet den Trank – ist damit die Segnung des Trankes durch den Druiden gemeint?

293 Mit diesem Vers ist die Rückkehr aus der Unterwelt gemeint – entweder die von Gwion/Taliesin oder Christus oder beiden.

294 drei Richter der Schöpfung: die Dreieinigkeit beim Letzten Gericht; Diese Stelle spricht dafür, das in den Versen vorher Christus und nicht Taliesin gemeint ist.

295 Lücke im Text

296 Vermutlich wird hier die Jenseitsreise des Gwion/Taliesin in die Wasserunterwelt beschrieben.

297 Eibe: Weltenbaum?

298 Sind diese vier Zeilen eine Anspielung auf den Weltuntergang?

299 eine Anspielung auf eine unbekannte Mythe

Was ließ das Blut
des unschuldigen Jungen fließen?[300]
Sie sprechen nur über einen,
sie preisen den Großen.[301]
Und ich bin Taliesin:
Ich singe über einen von wahrer Geburt –
mein Loblied an Elffin[302]
wird bis zum Letzten Tag bestehen –
ich erhielt als Belohnung
eine passende Menge Gold.
Da dieser Lohn willkommen war,
gab es kein Verlangen nach Verrat;
doch nun gibt es keinen Durst
nach meinem Lied – ein großer Fehler!
Die, die mich als ihren Bruder grüßen
kennen nichts außer mir.[303]
Ich bin ein Weiser, ich bin ein Ober-Dichter.
Der Weise gibt Rat
für Schlacht und Jagd
und für des Dichters tiefes Gewirr[304]
und für die Männer, die in Liedern geübt sind.

So laßt uns denn zu Gott gehen,
der, wie Talhaearn[305] *sagt,*
der Richter des Wertes der Welt ist
und der all die Vorzüglichkeiten
der Leidenschaft der Dichtung gerichtet hat.
Als Wunder hat er
Awen[306] *im Übermaß gewährt:*
Es gibt sieben mal zwanzig Versmaße,

---

300 Ist das eine Anspielung auf den Tod des Gwion/Taliesin oder des Christus?
301 Vermutlich bedeutet dieser Satz, daß die anderen Barden voller Staunen nur über Taliesin sprechen.
302 Elffin: der Beschützer und Gönner von Taliesin in dessen Jugend
303 Damit ist ein Lob der Dichtkunst des Taliesin gemeint: Die, die Taliesins Lieder kennen, wollen keine anderen Lieder mehr hören.
304 Gewirr: vermutlich die noch nicht vollendeten Verse
305 Talhaearn: ein Barde, der zeitgleich mit Taliesin gelebt hat und den Taliesin offenbar geschätzt hat
306 Awen: Richtigkeit, Inspiration, Dichtkunst

die von Awen verliehen werden,
acht mal zwanzig ... ...[307]
... ... auch in einem.
Er hat sie in der Unterwelt geordnet,
er hat sie in der Unterwelt gestaltet,
tief unter der Erde,
weit oben in der Luft.[308]
Es gibt jemanden, der weiß,
welches Leid es ist,
das besser als Freude ist.[309]
Ich weiß all die Versmaße,
die aus Awen heraus fließen,
ich weiß, was zu einem Barden gehört,
ich weiß, welche Tage ein gutes Omen haben,
ich kenne das freudevolle Verlangen,
die Gebräuche der Burg,
die Gebräuche der königlichen Männer,
und ich weiß, wie lange Ihre Hallen stehen werden.
... ... sie werden wie ... ...[310]
durch die errettende Gnade
des hochgelobten weisen Barden.

Der Wind in der hohen Halle[311] —[312]
wie bewegt er sich in der Weite?
Warum ist der Geist voller Leben?
Warum so voller Schönheit?
Warum sind Männer so mutig?

---

307 Lücke im Text

308 Der „er" in diesen vier Zeilen ist offenbar der Gott der Dichtkunst – vermutlich der Sonnengott-Göttervater, der als Erhalter der Richtigkeit auch der Gott der Dichtkunst ist. Als Sonnengott ist er nachts in der Unterwelt und tagsüber oben am Himmel („in der Luft").

309 vermutlich die Druiden/Barden, die wissen, daß das Leid einer Jenseitsreise (ein ziemlich realistischer Beinahe-Tod in einem Ritual) zu einer großen Freude (die Verbindung mit den Göttern und das Erhalten von Awen) führt

310 zwei Text-Lücken in der Zeile

311 hohe Halle: Himmel

312 Die Strophe, die mit dieser Zeile beginnt, enthält wieder die Fragen, mit denen die Druiden und Barden ihr Wissen sortiert habe. Aus ihnen sind dann die Rätsel entstanden, als man die Mythen, auf die sich diese Fragen beziehen, nicht mehr als die Beschreibung der Realität angesehen hat.

Wie ist die Kuppel des Himmels erschaffen worden
und wie wurde die Sonne an ihren Ort gesetzt?
Wie ist die Erde überdacht worden?
Was ist die Größe des Daches der Erde?
Von wo entspringen die Ströme,
die Ströme – von wo entspringen sie?
Warum ist die Erde grün,
die Erde – warum ist sie grün?
Wer ließ Gedichte entstehen,
Gedichte – wer ließ sie entstehen?
Und wer hat die Geschichten begonnen?
Es wird in Büchern berichtet:
wieviele Winde es gibt, wieviele Gewässer,
wieviele Gewässer, wie viele Winde;
wie viele Flüsse vorüberfließen,
wie viele Flüsse es gibt;
die Erde – wie weit ist sie?
Wie breit ist sie?
Ich kenne den Klang der Schwerter
rings um den blutüberströmten Helden;
ich kenne all die Ebenen
zwischen Himmel und Erde.
Woher kommen die hohlen Echos?
Warum kommt der Tod so plötzlich?
Warum glänzt Silber?
Warum wird der Bach dunkel?
Warum ist der Atem schwarz[313]
und die Leber voller Blut?
Warum hat der Bock Hörner?
Warum ist eine Frau heiß vor Lust?
Warum ist Milch weiß
und Ilex grün?
Warum hat die junge Ziege immer einen Bart –
egal, wo Du nach ihr schaust?
... ...[314]
Warum hat der Wiesenkerbel hohle Stengel?
Warum stolpert die Welpe wie ein Betrunkener?

---

313 Diese Farbsymbolik ist unklar – ist der Atem im Winter gemeint, den man in der Kälte vor
   dem Mund sehen kann?
314 Lücke im Text

Warum schlägt der Hammer alles platt?
Warum ist der Rehbock gefleckt?
Warum ist das Salz salzig
und das Bier herb?
Warum ist die Erle rotgestreift
und der Hänfling grün
und die Hagebutten orange –
und auch die Frau, die sie sammelt?[315]
Von wo kommt die Nacht herab?
Welche Verwandlungen
geschehen in der goldenen See?[316]
Niemand weiß, warum
sich die Brust der Sonne rot färbt[317] *–*
die Farben sind so leuchtend!
Wer versteht den Fall der Berühmten?
Worüber klagt die Harfen-Saite?
Worüber singt der Kuckuck Klagelieder?
Wie wird sein Ruf in die Weite getragen?
Was bringt die Belagerungs-Zelte
von Geraint[318] *nach Garmon*[319]*?*
Was läßt einen Edelstein
aus der Härte des Gesteins heraus entstehen?
Warum duftet Mädesüß[320] *so stark?*
Warum glänzen die Schwingen des Raben?
Es ist Talhaearn[321]*,*
der der größte der Weisen ist.[322]
Welcher Sturm wird die Bäume schütteln
bei der Flut am letzten Tag?
Ich kenne das Gute und das Böse,

---

315 Gab es eine Symbolik, nach der auch Frauen diese drei Farben haben? Also rot, grün und
orange?
316 Bezieht sich „goldene See" auf die im Meer versinkende Sonne und somit auf den Tod
und die Wiedergeburt („Verwandlungen") des Sonnengott-Göttervaters in der Wasserunterwelt?
317 Morgenrot und Abendrot
318 Geraint: ein in der damligen Zeit weit verbreiteter Name
319 Garmon: evtl. Wexford
320 Mädesüß: ein duftendes Kraut
321 Talhaearn: ein Barde aus der Zeit des Taliesin
322 Dieser Satz gehört offensichtlich eigentlich an eine andere Stelle in diesem Lied.

wo ... ...[323]
wenn sich der Rauch verteilt
in einer großen Wolke.
Wer hat das Gefäß der Welt[324] erschaffen
und die Dämmerung so vollkommen gemacht?
Was haben sie gepredigt –
Elias und Henoch[325]?

Die Kuckucke des Sommers –
ich kenne sie im Winter.
Das Awen[326] meines Liedes –
ich hole es aus den Tiefen empor.
Der die Welt umkreisende Fluß[327] –
ich kenne seine große Macht,
ich kenne seine Ebben,
ich kenne seine Fluten,
ich weiß, wie er ansteigt
und wie er wieder fällt.
Ich kenne alle Lebewesen,
die im Meer leben –
ich kenne das wahre Wesen
aller ihrer Arten.
Ich weiß, wieviele Augenblicke ein Tag hat,
wieviele Tage ein Jahr hat,
wieviele Speere in einer Schlacht fliegen,
und wieviele Tropfen in einem Regen fallen.
Der gelassene Sänger
singt ein strahlendes Lied.

Ich weiß, was man wissen kann
über Gwydions marschierende Bäume[328]
Ich weiß, warum die Wasser fluteten
und die Männer des Pharaos ertränkten.

---

323 Lücke im Text
324 Gefäß der Welt: Luftraum
325 Elias und Henoch: zwei Propheten aus dem Alten Testament
326 Awen: Richtigkeit, Inspiration, Dichtkunst
327 der die Welt umkreisende Fluß: das Weltmeer
328 Vermutlich bezieht sich dies auf das Lied „Die Schlacht der Bäume", das eins der Lieder
    aus dem „Buch des Taliesin" ist.

Ich weiß, wer die Feinde fortwischt
mit dem Donner seiner Macht.
Ich weiß, was die Form der Stufen ist,
auf denen wir zum Himmel aufsteigen.
Ich weiß, wer der Firstbalken in dem Gewölbe ist,
das sich von der Erde bis zum Himmel erstreckt.
Ich weiß, wieviele Finger mich formten,
ich kenne die Hand, die Handfläche, die mich hielt.
Ich kenne die beiden großen Worte,
die den Kessel überfließen ließen.³²⁹
Ich weiß, warum die See trunken tobt,
warum Fische schwarz sind,
die ihr Fleisch durch See-Lebewesen nähren,
warum der Hirsch weise ist,³³⁰
warum der Fisch schuppig ist,
warum weiße Schwäne schwarze Füße haben,
warum kein starker, scharfer Speer
die Heere des Himmels besiegen kann,
was die vier Punkte der Erde sind,³³¹
deren Grenzen unbekannt sind,
welches Schwein oder umherziehender Hirsch ... ...³³²
So – und nun, allergelehrtester Barde, sag mir:
Wo sind die Knochen des Nebels
und wo sind des Windes Zwillings-Wasserfälle?³³³

Was ich singe, wird vorgetragen
auf Hebräisch, auf Griechisch,

---

329 Diese beiden Worte könnten aus einem keltischen Ritual stammen oder das christliche „fait lux" („Es werde Licht.") sein. In der Geschichte über König Cormac McArt müssen im Jenseits über dem Kessel drei wahre Worte gesprochen werden, damit das Fleisch in dem Kessel gar wird. Diese „drei wahren Worte" und ihre magische Wirkung finden sich auch noch in anderen keltischen Geschichten sowie in mehreren germanischen Sagas. Falls hier eine christliche Assoziation beabsichtigt worden ist, wird dies nur eine Analogie zu der keltischen Tradition sein. (siehe dazu auch mein Buch „Magie und Ritual II" aus der Reihe „Die Götter der Germanen")

330 Bezieht sich das auf den Hirschgott Cernunnos?"

331 die vier Himmelsrichtungen

332 Lücke im Text

333 Dies sind zwei mythologische Fragen, mit denen die Pseudo-Barden entgültig mundtot gemacht werden sollen.

auf Griechisch, auf Hebräisch:
lauda tu, laudate jesum.[334]

Meine Gestalt wandelte sich ein zweites Mal[335]
und ich wurde ein blauer Lachs,
ein Hund und ein Hirsch,
ein Rehbock auf den Bergen,
ein Erdklumpen und ein Spaten
und eine Axt in einer Hand,
ein Bohrer, der von einer Zange gehalten wird –
ein Jahr lang und ein halbes;
Ich war ein geflecktes Hähnchen
für die Hennen in Eidyn[336],
ein Hengst auf einer Stute,
ein brünstiger Stier,
eine Garbe, die zum Mahlen aufgestapelt war,
Mehl, das für Bauern gemahlen worden ist.
Ich war ein Korn in einem Sieb,
Korn, das auf einen Hügel geworfen worden ist,[337]
ich wurde geerntet, gelagert,
zu dem Röstofen gesandt
und von Hand verstreut,
bereit zum Geröstetwerden[338].
Dann pickte mich eine Henne[339] *auf,*
die rotfüßige, meine Feindin mit Haube[340],
und neun Nächte[341] *lang ruhte ich*
in Frieden in ihrem Bauch.[342]
Als ich herangewachsen war,

---

334 lauda tu, laudate jesum: „Lobe Du, lobet ihr alle Jesus!"
335 In dieser Strophe werden die Verwandlungen des Gwion/Taliesin bei seiner Jenseitsreise,
    d.h. bei seiner Einweihung aufgezählt.
336 Eidyn: Edinburgh
337 beim Trennen von Korn und Spreu?
338 Rösten: zur Malzherstellung
339 Henne: die verwandelte Cerridwen
340 Feindin mit Haube: Cerridwen als Huhn mit „Huhn-Kamm"
341 neun Nächte: „9" = „ zum Jenseits gehörig"; die Nacht wurde mit dem Jenseits assoziiert
    => „neun Nächte" = Jenseitsreise des Taliesin vor seiner Wiedergeburt; evtl. auch eine
    Assoziation zu den 9 Monaten der Schwangerschaft
342 Bauch: Gebärmutter der Muttergöttin Cerridwen = Jenseits

war ich ein Trank für den König.[343]
Ich war tot und lebendig.[344]
Ein Krampf durchschoß mich,[345]
ich stand auf meinem Bodensatz;[346]
ausgegossen war ich vollkommen –
ein Kelch um Mut zu geben,
aufgescheucht von den roten Krallen.[347]

Sie sprechen nur über einen,
sie preisen den einen Großen[348].
Und ich bin Taliesin,
ich singe, der Wahrheits-Geborene.[349]
Mein Loblied des Fürsten Elfin[350]
wird bis zum Letzten Tag bestehen.

---

343 In der Taliesin-Sage wird Taliesin von der Henne, d.h. von der Göttin Cerridwen wiedergeboren. Hier wird diese Szene mit dem Rösten der Gerste zu Malz für das Brauen des Biers assoziiert, dann dann der König als Trank eingeschenkt bekommt. In diesem Zusammenhang könnten die roten Füße der Henne einige Zeilen zuvor das Feuer beim Rösten des Gerste zu Malz sein.
344 Diese Zeile bezieht sich wieder auf die Jenseitsreise (Tod und Wiedergeburt) des Taliesin.
345 Hier wechseln die Bilder wieder zum Bier-Brauen zurück.
346 Bodensatz: Ist das ein Bild aus dem Weinkeltern?
347 rote Krallen: Die Krallen der Cerridwen? Und/oder die Flammen des Feuers beim Rösten des Getreides?
348 einer, Großer: Taliesin
349 Durch seine Einweihung kann Taliesin aus der Wahrheit („Awen") heraus singen.
350 Elfin: der Beschützer und der erste Gönner des Taliesin

IV 4. c) Das Selbstlob-Lied des Taliesin

Ich bin die Lebenskraft
in der Lobpreisung von Gott dem Herrn
in dem Wettstreit der Lieder,
die aus den Worten der weisen Dichter geschaffen wurden.
Herrlich ist des Weisen Brust,
wenn er antwortet.
Wohin fließt Awen[351]
jeden Tag um Mitternacht?
Plappernde, dreiste Dichter –
ihre Worte mißfallen mir.
In der Schlacht von Ystrad[352]
gab es eine große Boshaftigkeit.
Ich bin Gesangs-stumm:
Ich fordere die Einwohner heraus,
Ich mache die Trägen schnell,
ich mache den Narren langsam,
Ich wecke die Dummen –
ich bin ein kämpferischer, machtvoller Herr.
Mein Lied ist nicht leer.
Ich spreche zu sich abquälenden Barden,
die wie Judas Münzen annehmen
und die das tiefe Meer verdienen![353]

Wer hat die Verachteten umarmt?
Wer hat die Krummen gerade gemacht?
Woher entspringt der Tau?
Und wie entspringt der Trank dem Weizen?[354]
Und wie entspringt der Trank den Bienen?[355]
Und wie entspringt der Balsam in fernen Ländern?
Und wie entspringt die Farbe aus der Brunnenkresse?[356]
Und wie entsteht das feine Silber eines Schleiers?

---

351 Awen: Richtigkeit, auch in der Dichtkunst; Inspiration
352 Ystrad: Strand, Talgrund (Bestandteil vieler Ortsnamen)
353 Diese Pseudo-Barden haben kein richtiges Begräbnis, sondern das Versenken im Meer verdient.
354 Der Vers bezieht sich auf das Brauen von Bier.
355 Der Vers bezieht sich auf das Brauen von Met und evtl. auch von Honig-Bier.
356 Die Brunnenkresse heißt im Walisischen „Taliesin-Kresse".

Und wie entstehen Rubine und Beeren?
Und wie entsteht der Schaum der Wellen?
Was stärkt eine Quelle? –
Das Kochen von Brunnenkresse.[357]
Was verbindet die Flüssigkeit,
den Starter des Biers[358],
mit der ziehenden Kraft des Mondes[359]
und dem stehenden Wasser[360]?
Was verbindet den Verstand der klugen Männer
mit dem viele Monde alten Weisen?
Und was verbindet schwankende Bäume,[361]
die von des Himmels wehenden Winden bewegt werden,
mit dem Bier, mit einem Meeres-Zufluß,
und mit Gütern von jenseits des Meeres,
mit dem Glas-Gefäß
in der Hand eines Pilgers[362],
mit Pfeffer und Pech?
Was den geehrten Eucharistie-Priester
mit den Kräutern des Heilers,
seine Kräuterkunde und seinem Arznei-Löffel?
Was den Dichter mit Blumen
und mit verflochtenen Hecken,[363]
mit Schlüsselblumen, zerriebenen Blättern,
und den Wipfeln von Bäumen?
Und mit Malz und Schätzen
und mit häufigen Bitten?
Und mit Wein in Gläsern,

---

357 Die Brunnenkresse heißt im Walisischen „Taliesin-Kresse". Dieser Vers scheint sich auf einen Wasser-Zauber zu beziehen.

358 Starter des Biers: Hefe/Wasser-Gemisch

359 Anscheinend wurden damals beim Bier-Brauen die Mondphasen berücksichtigt.

360 stehendes Wasser: vermutlich das Wasser mit dem Malz (geröstetes Getreide), in das der Starter geschüttet wird

361 Die Motive in den folgenden Zeilen bis zum Ende der Strophe sind alle auf irgendeine Weise mit dem Wind verbunden – die Schiffe von jenseits des Meeres segeln z.B. vor dem Wind. Diese Anspielungs-Rätsel werden für die damaligen Zuhörer leichter zu erfassen gewesen sein, da sie sich auf den damaligen Alltag beziehen.

362 Glas-Gefäß in der Hand eines Pilgers: ein Gefäß mit einer Reliquie?

363 verflochten: mit umeinander gewundenen Zweigen und mit abgebrochenen Ästen, die quer dazwischen gelegt werden, um einen dichten Zaun zu bilden

die von Rom nach Rossett[364] kommen
und mit tiefem süßen Wasser,
und mit Gottes gesegneter Schöpfung?

Es ist der Baum des Erlösers[365]:
fruchtvoll wird er gedeihen.
Doch einiges wird er kochen,
auf fünf Stäben aufgehangen[366]
an Gwions Fluß[367]
in guten, schönem Wetter:
Honig und Klee –
Methörner für die Trinker –
Süß für die Fürsten
ist die Gabe der Weisen![368]

---

364 Rossett: evtl. das gleichnamige Dorf in Wales
365 Erlöser: Christus; sein Baum: Kreuz
366 fünf Stäbe: Ständer, an dem der Kessel hängt
367 Gwion: Taliesin vor seiner Einweihung; sein Fluß: Jenseitsfluß (ein Hinweis auf Taliesins Jenseitsreise, die mit dem Kochen des Zaubertranks der Cerridwen in ihrem Kessel begann)
368 Das, was in dem Kessel gebraut wird, ist nicht nur einfaches Bier, sondern auch die Dichter-Inspiration, also das Awen, die in dem Ritual-Met enthalten ist.

IV 4. d)   Das Loblied der Cerridwen [369]

Meister, gewähr mir Gnade
für meine Missetaten!
An Mitternacht und zur Matutine[370]
brennen meine Kerzen hell.[371] [372]

Miniawg[373], der Sohn des Lleu[374], führte ein edles Leben –
es ist nur wenig Zeit vergangen, seit ich davon Zeuge war:
An seinem Ende lag er in Dinlleus[375] steinigem Grab[376],
sein Ansturm in der Schlacht war heftig.
Danach ließ mein Sohn Afaggdu[377],
den Gottes eigene Gnade erschaffen hat,
in einem Sänger-Wettstreit
mein Können weit hinter sich.
Doch der geschickteste Mann, von dem ich jemals gehört habe,
war Gwydion[378], Sohn des Don[379], der Mann der Wunder[380] –
der eine Frau aus Blumen erschuf,[381]
der die Schweine des Südens raubte[382] –

---

369 Trotz dieses Titels ist dies ein Loblied des Taliesin an sich selber.

370 Matutine: Nachtgebet (vor allem im Kloster)

371 Kerzen: Beleuchtung während der nächtlichen Gebete; evtl. auch Votivkerzen (Opfer-kerzen, Bittkerzen) an Gott

372 Diese vier Zeilen sind eine christliche Einleitung zu dem keltischen Lied.

373 Miniawg: der junge, wiedergeborene Sonnengott

374 Lleu: ursprünglich der Sonnengott Lugh

375 Dinlleu: Festung in Wales

376 steiniges Grab: steinerne Grabkammer in einem Hügelgrab

377 Afaggdu: In diesem Satz spricht Taliesin oder zumindest ein Barde. Afaggdu war jedoch der Sohn der Cerridwen – der Sohn des Taliesin hieß hingegen „Afaon". Ist hier etwas verwechselt worden? Taliesin ist durch seinen Tod und seine Wiedergeburt der Sohn der Cerridwen und AfainTaliesin-Sohn ist Cerrdiwens Enkel.

378 Gwydion: Magier aus dem Mabinogion, Onkel des Sonnengottes Lleu

379 Don: Fürst, dessen Name vermutlich auf die keltische Mutter- und Jenseitswassergöttin Don/Dana zurückgeht

380 Mann der Wunder: Mann, der magische und poetische Wunder vollbrachte – beides be-ruht auf der Kenntnis der Awen (Richtigkeit) und der Verbindung zu ihr

381 Frau aus Blumen: Blodeuwedd, ursprünglich eine Erd- und Muttergöttin; dies wird ausführlich im Mabinogion beschtieben

382 Raub der Schweine: dieses Motiv könnte sich auf eine Jenseitsreise beziehen, da sich in der keltischen (und in der germanischen) Überlieferung mehrerer solcher Jenseitsschwein-

denn er ist der Erste an Gelehrsamkeit,
er ist kühn in der Schlacht, er dreht Stränge der Geschicklichkeit. [383]
Er beschwor Rosse herbei
um die Unzufriedenheit zu beruhigen,
und dazu auch noch magische Sättel. [384]
Wenn Loblieder beurteilt werden,
sticht meines unter allen hervor:
mein Lied, mein Kessel [385], *mein Versmaß,*
mein sorgfältiger Vortrag – passend für ein Loblied.
Ich bin an dem Hof des Don [386] *als Könner bekannt,*
Ich und Euronwy und Euron. [387]

Ich sah ein schreckliches Gemetzel in Nant Ffrangcon, [388]
an einem Sonntagmorgen, zwischen Gwydion [389] *und seinen Raubvögeln.*
Am Donnerstag nahmen sie entschlossen das Schiff nach Mon [390]
um den Trickster [391] *und die anderen Magier zu suchen.*
Arianrhod [392], *deren Schönheit das Licht von sonnigem Wetter überstrahlt –*
ihre größte Schande war es, als sie über den magischen Stab schritt – : [393]
Rings um ihren Hof tobte eine große Flut,
ein Fluß, der gegen das trockene Land anbrandet. [394]

Motive finden

383 Stränge der Geschicklichkeit drehen: Verse dichten

384 Über diese magische Tat wird im Mabinogion berichtet.

385 Kessel = „magischer Trank in dem Kessel" = „Dichter-Met" = Awen = Inspiration

386 Don: Fürst, dessen Name vermutlich auf die keltische Mutter- und Wasserunterweltsgöttin Don/Dana zurückgeht

387 Euronwy und Euron: In der „Schlacht der Bäume" werden Eurwys und Euron als zwei Magier erwähnt. Offenbar sind sie auch zwei Barden gewesen – was damals ja noch weitgehend dasselbe gewesen ist.

388 Nant Ffrangcon: ein Pass in Snowdonia in Nord-Wales

389 Gwydion: Magier aus dem Mabinogion, Onkel des Sonnengottes Lleu

390 Mon: die Insel Angelsey

391 Trickster: mythologische Gestalt, die alles „falsch herum" macht wie der germanische Loki, der christliche Lucifer, der westafrikanische Anase oder der Lakota-Gott Iktomi

392 Arianrhod: die Göttin Arianrhod, Tochter der Don (=Dana), Schwester des Gwydion und Mutter des Lleu (= Lugh)

393 Als Arianrhod über den magischen Stab des Math schritt, um zu beweisen, daß sie eine Jungfrau ist, gebar sie die Zwillinge Dylan (Meeresgott) und Lleu (Sonnengott).

394 Da Arianrhod eine Mutter-, Erd- und Jenseitsgöttin ist, sollte dieser Fluß rings um ihren Hof (=Unterwelt) der Jenseitsfluß sein.

Hier stehe ich nun, der Wächter des Lobliedes –
Es wird in Europa bestehen bis der Letzte Tag dämmert.
Möge die Dreieinigkeit uns
am Jüngsten Gericht Vergebung gewähren –
Freundlichkeit von dem Guten Herrn.[395]

---

395 Diese fünf Zeilen sind das christliche Nachwort dieses keltischen Liedes.

IV 5. Die Loblieder an Menschen

Es gibt auch einige Loblieder an verschiedene Personen, die sich nicht sicher Taliesin zuordnen lassen.

IV 5. a) Loblieb an Teyrnon

Hier ist ein klares Lied,
das von Awen[396] überfließt,
über einen mutigen, starken Mann
aus der Linie des Aladur.[397]
Ist er berühmt, ein Weiser?
Oder der Herr von Rheon[398]
oder ein königlicher Anführer,
der die Schriften ehrt,
in seiner roten[399] Rüstung
bei seinem Angriff auf einen Wall –
er ist der, den ich geschickt besinge:
ihm in der Mitte seiner Kriegerschar.
Er raubte von Cawnur[400]
fahle, gesattelte Rosse –
Teyrnon[401] raubte sie von dem Alten,
von dem Fetten, von dem Geber[402].
Des Sängers drittes Lied
wurde gesungen, um Arthus zu segnen.
Daher ist Arthus gesegnet
durch ein harmonisches Lied:
Er[403] wurde zu einem Wall in der Schlacht,
trat neun[404] Männer zugleich nieder.

---

396 Awen: Richtigkeit, auch in der Dichtkunst
397 Aladur: offenbar ein Ahnherr des Teyrnon
398 Theon: vermutlich Lochj Ryan in Südwest-Schottland
399 rot: entweder rot = golden oder rot = blutbefleckt
400 Cawnur: unbekannter König
401 Teyrnon („Großer König"): entweder ein allgemeiner Fürsten-Titel oder ein Eigenname
402 Geber: vermutlich eine ironische Formulierung für „Beraubter"
403 er: Arthus
404 „9": indogermanisches „Adjektiv" mit der Bedeutung „zum Jenseits gehörend"

Wer waren die drei Männer,
die das Land bewachten?
Die drei wissenden Männer,[405]
die das Zeichen bewachten,
die, wenn sie gebraucht werden,
vor ihren Herrn treten?

Gut ist die Stärke des Walls,
gut ist die Gegenwart eines großen Mannes,
gut ist das Trinkhorn, das herumgereicht wird.
Edel ist das Vieh am Mittag,
edel ist die Wahrheit, wenn sie leuchtet,
noch edler, wenn sie ausgesprochen wird –
edel kam sie aus dem Kessel[406],
von dem Awen der Dreieinigkeit[407].
Ich bin ein Herr mit einem Torque[408]
und einem Trinkhorn in der Hand.
Kein Dichter verdient einen Lohn,
der nicht meine Worte bewahrt,
mein glanzvolles, Lob-gewinnendes Lied –
mein fließendes, kühnes Awen.[409]

Was sind die Namen der drei[410] *Festungen*[411]
zwischen dem hohen und dem niedrigen Wasser?
Nur die Leidenschaftlichen

---

405 drei wissende Männer: vermutlich sowohl eine Assoziation zu dem fest mit der „3" verbundenen Sonnengott als auch mit den drei Weisen aus dem Morgenland

406 Kessel: in dem der Zaubertrank der Cerridwen, der Dichter-Met und der Ritual-Met gebraut wird

407 Awen: Richtigkeit, Dichtergabe, Inspiration; hier ist ihr Ursprung von der keltischen Göttin Cerridwen auf die christliche Dreifaltigkeit übertragen worden

408 Torque (lateinisch: „Gewundenes"): der goldene Halsreif als Jenseitsreise- und Einweihungssymbol, der letztlich ein Symbol der Sonne und des Sonnengott-Göttervaters ist (Torque/Sonne = goldener Kreis)

409 Awen: Richtigkeit, Dichtergabe, Inspiration

410 Die „3" ist ursprünglich bei den Indogermanen und schon bei deren Vorfahren in der Jungsteinzeit in Mesopotamien das Symbol für „viele, Wiederholung, Zyklus, Sonnen-zyklus, Sonne" gewesen. Mit der Zeit ist diese Symbolik der „3" jedoch zu einer allgemei-nen magischen Zahl verflacht.

411 Evtl. sind hier solche Strand-Festungen wie Lindisfarne in Nordost-England oder St. Michel in der Bretagne gemeint.

kennen das Wesen ihres Meister.
Es gibt vier Festungen
in den Häfen von Britannien –
ihre Herren sind rege.
Was nicht sein soll, wird niemals sein,
es wird niemals sein, da es niemals sein soll.
Aber es wird Flotten geben:
Wogen werden über Felsen brechen,
Land wird von der See erobert werden.
Es wird keine Hand, kein Tal mehr geben,
keinen Hügel, keine Senke,
keinen Schutz, wenn es friert
und der Wind wütend wird.
Dies Loblied an Teyrnon[412] –
der geschickte Sänger wird es erinnern.
Ygno[413] wird gesucht werden,
Cedic[414] wird gesucht werden –
die Beschützer, die vermißt werden.
Ich werde wütend
über den Tod eines Anführers,
der ein feuriges Wesen hat
und einen Brustpanzer aus Lleon.[415]
Ein Anführer wird sich erheben
für die vielen tapferen Krieger.
Der Schaum des Bieres fällt zusammen –
das Fliehen liegt in seiner Natur –
das Kämpfen dauert nur eine kurze Weile
an der wilden Grenze.
Die fremden Männer[416]
sind eine ungezähmte Flut,
die über die See herbeisegeln.
Die Nachkommen der Sarazenen[417],
diese Heiden aus der Hölle –

---

412 Teyrnon: („Großer König"): entweder ein allgemeiner Fürsten-Titel oder ein Eigenname
413 Ygno: unbekannter König
414 Cedic: unbekannter König
415 Lleon: Ortsname mit der Bedeutung „Löwe", d.h. „mutig"
416 fremde Männer: die Angelsachsen und später auch die Dänen, Schweden, Norweger und Isländer – also die Wikinger
417 Sarazenen: Araber mit dem islamischen Glauben

laßt uns Elfin befreien![418]

418 Über die Befreiung Elphins wird in der „Geschichte des Taliesin" berichtet. Möglicherweise ist hier jedoch eine Befreiung der Waliser insgesamt von den Angelsachsen gemeint.

IV 5. b)   Das Loblied an Ynyr

Sie preisen seine Güte
wie ein wahrer Verwandter des Tryffin,[419]
des unermüdlichen Kämpfers:
Ein Teich der Traurigkeit
in der Klage der Harfensaiten.
Woher kommt die Nacht?
Wo verbirgt sie sich vor dem Tag?
Wissen die Vers-Geschickten[420],
was Herzen verbergen?
Möge er mich mit der Sonne Strahlen wärmen,
die von dort aus scheinen, wo sie aufsteigt.
Warum hat uns der Winter den Anführer genommen?
Welche traurige Zeit beginnt nun?
Unser freigiebiger Gott,
der weise, berühmte und glückliche –
er erweckt den Schläfer,
er verdient eine Flut an Lobpreisungen
von den Cymry[421] in ihren Burgen –
Lobpreisungen an einen liebenden Vater.
Bittere Schreie von den Heeren,
von den Fürsten von Mon:[422]
wegen dem großen und schändlichen Verrat
der langhaarigen Männer von Gwent[423]
in Caer Wyragon.[424]
Wer hat den ersten Kelch, der ausgeschenkt wird, verdient?
Ist es Maelgwn[425] von Mon[426]
oder Dyfydd[427] von Aeron[428]

---

419 Tryffin: König o.ä. aus Dyfed
420 Vers-Geschickte: Barden
421 Cymry: Wales, Waliser
422 Mon: die Insel Angelsey
423 Gwent: Gegend in Wales
424 Caer Wyragon: „Festung von Wyragon" = Worcester
425 Maelgwn: er hielt Taliesins Gönner Elfin gefangen
426 Mon: die Insel Angelsey in Nord-Wales
427 Dyfydd: unbekannt – vermutlich ein Fürst
428 Aeron: Ort in West-Wales

oder Coel[429] mit seinen Welpen[430]
oder Gwrfodw[431] und seine Söhne?
Die Freude der Feinde verstummte
als Ynyr[432] Geiseln nahm.
Sänger versammeln sich
um den stolzen Sitz von Caer Seon.[433]
Ich habe Wein getrunken
in der Halle des Uffin,[434]
auf dem See von Goddodin:[435]
ein geschickter Mann, weithin berühmt,
weise wie Bran[436] am Morgen.
Ich bin ein betagter Wanderer,
mit Freude in seinen Worten.
Jenseits von Dygen[437]
ist es meine Aufgabe, Urien zu preisen –
der in Treue erstrahlt,
ein Anführer voller Tatendrang,
ein roter Ernter der Hölle[438] –
rot sind alle, die ihn beleidigt haben![439]
Eine Schlacht in Harddnenwys –[440]
Ynyr warf sie alle nieder.
Auf hundert Festen wird er willkommen geheißen,

---

429 Coel: Vorfahre des Urien von Rheged

430 Da Krieger bei den Indogermanen als „Wölfe" und später auch als „Hunde" bezeichnet
wurden, da sie im „Rudel" die Herden verteidigt haben, ist „Welpen" lobend und nicht
(wie es heute wäre) abfällig gemeint.

431 Gwrfodw: König aus Hereford

432 Ynyr: König von Gwent

433 Caer Seon: das heutige Caernafon

434 Uffin: vermutlich ein angelsächsischer König, da „Uffin" eine Version des germanischen
„Ulf" für „Wolf" ist

435 d.h. bei einem Volk in Nordost-England; der „See" ist evtl. der Firth of Forth

436 Bran: walisischer König und Riese aus dem Mabinogion; da er u.a. mit der Wieder-
geburtskessel-Symbolik verbunden ist, wird er auf den Sonnengott zurückgehen – „Bran
am Morgen" ist folglich die aufgehende Sonne

437 Dygen: vermutlich ein Ort in Powys (Mittel-Wales)

438 roter Ernter der Hölle: Urien tötet (rötet) viele Männer und sendet sie zur Hölle; Ernten:
das weltweit verbreitete Gleichnis zwischen der Ernte des Getreides und dem Tod der
Menschen („Sensenmann")

439 rot = tot

440 Harddnenwys: Hardenhuish in Wiltshire

hundert Verwandte essen mit ihm.
Ich sah mächtige Männer
auf ihrem Weg zur Schlacht,
ich sah Blut auf der Erde
als die Schwerter zustießen –
die Schwingen der Dämmerung färbten sich blau
als die Speere zu fliegen begannen.
Dreihundert Jul-Feste lang[441] – eine stolze Zahl –
soll an Ynyrs Grenzen Rot[442] fließen![443]

---

441 Das Jul-Fest ist das Mittwinterfest, an dem die Wiedergeburt der Sonne bzw. des
   Sonnengottes gefeiert wird. Daher hat „300 Feste" die Bedeutung „300" Jahre. „300" hat
   bei den Germanen die Symbolik „3 Leben" oder „große 3", d.h. „Sonnengott" – aus all
   diesen Symboliken ergibt sich für „300 Feste" letzlich die Bedeutung „ewig".
442 Rot: Blut
443 Diese Zeile bedeutet, daß keine Feinde in das Land des Ynyr eindringen können.

IV 5. c)   Das Lied an Cynan Garwyn, Sohn des Brochwael

Cynan[444], gewährte mir
Schutz in der Schlacht –
mein Loblied an ihn ist keine Lüge –
Geschenke und Ländereien,
Hundert Rosse,
Sättel mit Silber,
Hundert Gewänder,
alle gleichermaßen kostbar;
Mein Schoß liegt voller Armreifen
und voller Fibeln.
Ein Schwert mit einer Edelstein-Scheide,
mit dem besten aller Gold-Griffe.

Diese erhielt ich von Cynan,
der von niemandem gehaßt wird.
Er stammt von Cadell[445] ab,
er ist standfest in der Schlacht,
er greift die Wye[446] an
mit zahllosen Speeren;
Die Gwentmänner[447] werden getötet
von seinen blutgetränkten Klingen.
Krieg tobte im Schönen Mona[448]:
Singt laut sein Loblied!
Nachdem er jenseits von Menai[449] war,
war der Rest einfach.

Dort in Crug Dyfed[450]
sah der wiedergeborene Aergol[451],
wie sein Reich geplündert wurde

---

444 Cynan: König von Powys in Nordost-Wales
445 Cadell: König des west-walisischen Reiches Deheubarth
446 Wye: Fluß in West-Wales
447 Gwentmänner: Männer aus Gwent, einer Gegend in Wales
448 Mona: die Insel Angelsey im Nordwesten von Wales
449 Menai: der schmale Meeresarm zwischen Wales und der Insel Angelsey
450 Crug Dyfed: „Crug" = Hügel, Hügelgrab; Gegend in Südwest-Wales
451 Aergol: „Agricola Lawhir mit der langen Hand", ein König, der um ca. 550 n.Chr. gelebt
   hat

und Feinde seine Herden fortführten.

Den Länder-reichen Cynan
verlangte nach mehr Besitz –
er wollte Cornwall haben!
Ein übles Schicksal ist ihr Los:
Er brachte ihnen Verzweiflung
bis sie um Frieden flehten.
Cynyn ist mein Patron –
der Beste der Krieger!
Im Blitzen der hellen Flammen[452]
läßt er die Schlacht auflodern.

Er trägt den Krieg nach Brecon[453] –
die Berge sind für ihn nur Maulwurfshügel!
Ihr erbärmlichen Tyrannen –
erzittert vor Cynan!
Er ist ein Schild[454] im Angriff,
er ist wie ein Drache![455]
Er ist ein zweiter Cyngen[456],
er beherrscht die weiten Länder.
Er ist das Gespräch aller Menschen
über ihn reden alle –
und sie sind ohne Ausnahme
Gefangene des Cynan.

---

452 Flamme: Schwertklinge; der Satz ist ein Wortspiel auf diese Umschreibung der Schwerter

453 Brecon: die Stadt Aberhonddu in Mittel-Wales

454 Schild: Schutz

455 Drache: Der Sonnengott-Göttervater Dhyaus der Indogermanen (Kelten: Bel, Dagda/Nua-da; Germanen: Tyr; Griechen: Zeus; Römer: Jupiter; Hethiter: Shiun; usw) verwandelte sich des Nachts in der Wasserunterwelt in einen Totengeist, d.h. in eine Schlange – in späteren Versionen in einen Drachen. Daher haben sich vor allem die west-indogermanischen Könige, die sich als „Söhne des Sonnengottes" aufgefaßt haben, als Drachen angesehen. Artus Vater Uther trug aus diesem Grund den Beinamen „Pendragen", also „Drachenkopf". Auch die Drachen auf den Helmen der Kelten und der Germanen stammen aus dieser Symbolik. Ein „Drache" ist in der Regel auch ein Heerführer. – Eine zweite Wurzel dieser Symbolik ist die aufsteigende Kundalini, die die Grundlage der Kampfekstase gewesen ist, die von den Kelten und den Germanen (Berserker, Ulfhedinn) entwickelt worden ist.

456 Cyngen: Cynans Großvater

IV 6.   Die Loblieder an Dinge

Es gab auch Loblieder an Dinge – vor allem an die rituellen Getränke. Ganz ähnliche Lieder finden sich im indischen Rig-Veda, wo sie an das Soma gerichtet sind – wobei das Rig-Veda, daß 1800 Jahre älter als das „Buch des Taliesin“ ist, natürlich deutlich ältere und ursprünglichere Versionen dieser indogermanischen Lieder enthält.

IV 6. a)   Das Loblied an den Met

Ich werde den Herrn verehren, den Fürsten aller Orte,
Er, der den Himmel stützt: der Herr aller Lebewesen.
Ihn, der das Wasser für alle gut gemacht hat,
Ihn, der alle Tränke erschaffen hat und sie mit Hefe schäumen läßt,
damit wir Maelgwn[457] von Mon[458] besiegen und fröhlich werden:
der Schaum von seinem Met-Horn ist der beste Trank.
Die Bienen sammeln ihn[459], doch sie werden ihn nicht genießen:
Dieser wundersame Met – an allen Orten wird er gepriesen!
Die Vielzahl der Geschöpfe, die die Erde ernährt,
Gott hat sie für den Menschen erschaffen, um ihn zu bereichern.
Manche haben eine Stimme, manche sind stumm – er sieht sie alle mit Freuden.
Manche sind wild, manche zahm, der Herr hat sie alle erschaffen –
alle hat er in Fülle gegeben für Kleidung, für Güter,
zur Speise, zum Trank – bis zum Jüngsten Gericht.
Möge es dem Herrn gefallen, dem Fürsten des Heimatlandes des Friedens,
Elfin aus seiner Gefangenschaft zu befreien –
den Mann, der mir Wein gab und Bier und Met,
und fürstlich-starke Rosse, die schön anzusehen sind –
Möge er sie mir wieder geben, wenn Gott schließlich
noch einmal willens ist – dann wird er mit Gaben gewähren um seiner Ehre willen,
fünfzig mal fünfzig[460] Jul-Feste – alle sind dort in Frieden versammelt.

---

457 Maelgwn: der König, der Eflin, den Gönner des Taliesin gefangengenommen hat
458 Mon: Angelsey
459 ihn: den Honig, aus dem der Met gebraut wird
460 Am Jul-Fest (Neujahr) feierte man bei den Kelten, den Germanen und vielen anderen Völkern die Wieder-geburt der Sonne, d.h. des Sonnengottes (ab diesem Tag werden die Tage wieder länger). Daraus hat sich das heutige Christ-Geburtsfest (Weihnachten) entwickelt – Christus ist an die Stelle des Sonnengottes getreten.

Elphin[461] der Reiter, sei der Meister des Nordens!

---

461 Elphin: erster Gönner des Taliesin

IV 6. b) Das Loblied an das Bier

Mögen sie das Wesen dessen,[462]
der den Wind bewacht[463]*, bewundern!*
Wenn er in seinem Glanz naht,
ist die Erde voller Rufe –
wegen des Segens bis in alle Ewigkeit.
Du bist es, der bestimmt,
wie Nacht und Tag fließen:[464]
des Tages geistiger Krieg,
der Nacht Entspannung –
ich preise den Frohsinn,
der von dem großen König kommt!

Der große Gott erschuf[465]
die warme Sommersonne
und er erschuf
die Bäume und die Früchte des Feldes.
Er hat die Gezeiten
der glitzernden, ungebundenen See gerufen:
Alle Ebben befiehlt er herbei.
Gott – möge ich erlöst werden!
Und bevor die Welt
den Gerichts-Hügel[466] *erreicht,*
kann ich nicht so viel wie ein Körnchen tun,
wenn ich nicht des Herrn Gaben erhalte.

Er wässert das Korn[467]
bis es wächst.
Er wässert es wieder
bis es zu Malz wird:

---

462 Diese erste Strophe ist wie so oft bei diesen Liedern eine christliche Einleitung.
463 der den Wind bewacht: Gott
464 Hier heißt es noch wie in den alten Mythen „Nacht und Tag" und nicht wie heute „Tag
   und Nacht": „die Nacht gebiert die Sonne" statt „Arbeit und Ausruhen davon"
465 Diese Strophe ist eine Überleitung zum eigentlichen Thema.
466 Gerichts-Hügel: letztes Gericht (Die Gerichtsversamlungen der Indogermanen fanden auf
   dem Hügelgrab eines wichtigen Vorfahren bzw. des Sonnengott-Göttervaters statt.)
467 In dieser Strophe wird das Bierbrauen beschrieben – das recht wahrscheinlich als
   Analogie zu der Reinigung der eigenen Seele aufgefaßt wird.

Das, was von der Erde ernährt wurde,
stinkt, verrottet und sinkt nieder.[468]
Das Faß wird gewaschen,
die Bierwürze wird gereinigt,
und wenn sie gereift ist,
wird sie aus der Kammer geholt
und vor den König gesetzt
für sein vorzügliches Fest.
Kein Paar weist es zurück;
Es ist Honig, der es entstehen ließ.[469]
Bitte Gott, daß es bitter wird –
denn das ist seine rechte Natur.
Die allergroßzügigste Dreieinigkeit
machte die Trinker angeheitert-schwankend,
ließ sie wie Fische werden[470] –
mit so vielen Behausungen[471]
wie Sandkörner in der See;
wie die Nippflut und die Springflut,[472]
wie Sandkörner in der See
und am Strand.
Gott sprach wahr: „Ich alleine
habe mir selber Lösegeld gezahlt."[473]
Nichts kann erreicht werden
ohne die Dreieinigkeit.

---

468 der Bodensatz beim Bierbrauen aus Hopfen und Hefepartikeln
469 Die Waliser benutzen Honig zum Fermentieren des Biers.
470 wie Fische: Die Trunkenen schwanken so wie sich die Fische im Wasser bewegen.
471 Die folgenden fünf Verse sollen vermutlich die Vielzahl der Trinker veranschaulichen: Es gibt sie wie Sand am Meer …
472 Nippflut: flache Flut bei Halbmond; Springflut: hohe Flut bei Vollmond und Neumond
473 Gott besitzt alles und ist auch der, der den Menschen das Bier gibt. Das scheint eine Redewendung gewesen zu sein.

IV 6. c)   Das Lied über die Pferde

Solche Listen von Reitern und Pferden wie in diesem Lied sind auch von den Germanen bekannt – z.B. aus dem Grimnir-Lied, wo auch die Namen aller Pferde erwähnt werden.

Dieses keltisch-walisische Lied besteht aus drei Teilen: Der erste ist christlich und beschreibt nur in seinen ersten beiden Zeilen allgemein einen Krieger und sein Roß, der zweite ist eine Liste von Kriegern und ihren Rössern und der dritte ist eine der vielen Selbst-Hymnen, in denen der Sänger beschreibt, welche Gestalten er alles annehmen kann. Diese Zusammenfügung von Teilen, die inhaltlich nur teilweise oder gar nichts etwas miteinander zu tun haben, läßt vermuten, daß manche Teile entweder erst später hinzugefügt worden sind, oder daß diese drei Teile einst die lyrischen Einschübe in einem größeren Prosa-Text gewesen sind.

Das wilde Pferd ist gezähmt,
er trottet unter dem Recken.
Möge Gott in der Höhe gepriesen sein,
der Herr des flammenden Feuers[474]
über den höchsten Winden –
er ist weiter oben als jede Wolke,
oder der fernste Dunst,
der nicht mehr gefangen bleibt,
nachdem er die See geheiratet hat.[475]
Dann fließt die Strömung des Meeres weiter
zu felsigen Mündungen,
zu Gottes Tag der Fülle,
zu der Dämmerung mit dem Heranströmen der Flut –
jenseits aller vergleichbaren Dinge.[476]
Wegen Nwythons[477] Gefährte,
wegen den vollkommen Heiligen
lobe ich Ihn[478], der richten wird,
der mit schrecklicher Wut urteilen wird:

---

474 Feuer: Sonne

475 Anscheind liegt diesem Motiv die Vorstellung zugrunde, daß der Wind das Wasser in sich gefangen hält und daß die Vereinigung des Dunstes/Nebels mit dem Meer dieses Wasser wieder dahin zurückbringt, woher es gekommen ist.

476 Hier wird vermutlich der Fluß der Zeit oder der Ereignisse den Strömungen des Meeres verglichen, die schließlich zum Letzen Tag führen.

477 Nwython: unbekannter König o.ä., dessen Mut in manchen Liedern gerühmt wird

478 Ihn: Gott

Das Gebrüll seiner Wut ist tief[479].

Ich bin kein feiger alter Mann,
kein Abschaum am Tor.
Hier sind meine beiden Freunde[480] –
die rücksichtslos voranpreschen
von meiner Hand zu Deiner ...[481]
Mögen die Neun[482]
die Pflug-Gefährten[483] beschützen
und Mayawgs[484] Roß
und Genethogs[485] Roß
und Caradawgs[486] Roß,
das ein starkes Vollblut ist,
und Gwythurs[487] Roß
und Gwawrddurs[488] Roß
und Arthurs[489] Roß,
das furchtlos ist, wenn es Leid bringt,[490]
und Taliesins Roß[491]
und Lleus[492] sorgsam aufgezogenes Roß

---

479 Die Kampfschreie bzw. die Zauberrufe der Druiden werden als tief wie das Röhren von Hirschen beschrieben. Möglicherweise entspricht dies den tiefen tibetischen Baßgesängen.

480 zwei Freunde: Dies kann viel Verschiedens sein – möglicherweise sind auch die Reimpaare in dieser Strophe gemeint, die in der Übersetzung allerdings fehlen. Es kann auch ein Hinweis auf die beiden Rosse vor dem Pflug vier Zeilen später sein – was am besten zu dieser „Pferde-Strophe" passen würde. Diese Vieldeutigkeit und Vielschichtigkeit ist ein allgemeines und beabsichtiges Merkmal von Dichtung.

481 Lücke im Text

482 Neun: die neun himmlischen Ordnungen

483 Pflug-Gefährten: vermutlich die beiden Rosse vor dem Pflug – die „beiden Freunde" vier Zeilen zuvor werden auch diese beiden Rosse sein

484 Mayawg: unbekannter Mann

485 Genethog: unbekannter Mann

486 Caradawg (Caradoc): walisischer König

487 Gwythur: unbekannter Fürst, ursprünglich der Name des keltischen Sonnengottes Gwen

488 Gwawrddur: walisischer Krieger

489 Arthurs: König Artus

490 Leid bringen: im Kampf

491 Bittet Taliesin hier um einen Segen für sein eigenes Roß? Oder stammt dieses Lied von einem späteren Dichter, der hier auch Taliesin eingefügt hat?

492 Lleu: Gestalt aus dem Mabinogion, ursprünglich der Sonnengott Lugh

und das gut gebaute Pebyrllei[493]
und Cunins Roß Grei,[494]
Cornan[495] den Unerschütterlichen,
Awydd[496] den Stürmischen,
den berühmten „Schwarzer des Meeres",
Brwyn Bron Bradawcs[497] Roß
und die drei Wallache[498],
die nicht zur Stute gehen werden,
Ceidios[499] Roß Cethin[500],
dessen Huf gespalten ist,
das schreckhafte Yscwydurith[501],
das ein sich aufbäumendes Roß ist,
des großzügigen Rhydderchs Roß,
der Hirsch-farbene Llwyd[502]
und Llamrei,[503] der wie ein Hirsch springt,
und der lebhafte Ffroenfoll[504],
Sadyrnins[505] Roß
und Cystenins[506] Roß
und andere in der Schlacht
um das kummervolle Land,
Henwyn,[507] das glücklich
Neuigkeiten von Hiraddug[508] brachte.

Ich war ein Schwein, ich war ein Rehbock,

---

493 Pebyrllei: „starker Kastanien-Brauner"
494 Grei: „Grauer"
495 Cornan: „kleiner Wolf"
496 Awydd: „Eifer, Verlangen"
497 Brwyn Bron Bradawc: „Brwyn mit der listenreichen Brust"
498 Wallach: kastrierter Hengst
499 Ceidio: Vater des Gwenddoleu, der evtl. auf den Sonnengott zurückgeht
500 Cethin: „Rötlichgrauer"
501 Yscwydurith: „gefleckte Schulter"
502 Llwyd: „Falbe" (hell-graubraunes Pferd); da Llwyd als Hirsch-farben beschrieben wird, ist hier wohl das Winter-graue Fell eines Hirsches gemeint
503 Llamrei: „Springer"; Name eines der beiden Rosse von König Arthus
504 Ffroenfoll: „flammende/zitternde Nüstern"
505 Sadyrnin: König in Schottland zur Zeit von Taliesin
506 Cystenin: Kaiser Constantin
507 Henwyn: „Alter Weißer"
508 Hiraddug: Festung in Nordost-Wales

Ich war ein Weiser, ich war eine Pflugschar,
Ich war ein Ferkel, ich war ein Keiler.
Ich war der Aufruhr eines Sturmes,
Ich war die sich ergießende Flut,
Ich war eine Woge im Wind,
Ich war der Bringer des Verderbens.
Ich war ein Luchs auf drei Bäumen,
Ich war eine Schnepfe auf einem Holunder,
Ich war ein Kranich, der nach Speisen suchte.
Eine wagemutige Kriegerschar ist grimmig –
eine gute Hilfe in der Schlacht.
Alle unter dem Himmel,
im Kielwasser der Feinde,
leben nicht ...[509]
genauso groß wie meine Männer.
Erhalter ...[510]

---

509 Lücke im Text
510 Lücke im Text

IV 6. d)   Das Loblied über die Burg Tenby

Vermutlich ist mit der „Festung am Meer" in diesem Lied des Taliesin die Festung des Urien gemeint.

Dieses Lied hat durch seine Gliederung in Strophen von meist viermal zwei Sätze von je zwei Zeilen Länge eine große Ähnlichkeit mit den germanischen Liedern ab ca. 850 n.Chr.

Dies hat Taliesin gesungen:

Ich bitte Gott um eine Gnade, den Beschützer des Volkes,
Herrscher des Himmels und der Erde, Größter an Weisheit, am meisten Verehrter!

Es steht eine schöne Burg, die auf das Meer hinausblickt,
auf der hellen Klippe ist Freude an Festtagen.
Und wenn die See in großer Aufruhr ist
gibt es Fröhlichkeit unter den Dichtern bei den Met-Kelchen.
Wenn die rasche Woge sich an ihnen bricht,
überlassen sie das grune Meer den Pikten zu deren Vergnügen.
Und möge ich, o Gott, als Lohn für meine Gebete,
wenn ich meine Eide halte, mit Dir vereint werden!

Es steht eine schöne Burg bei den weiten Wassern,
eine mächtige Burg, vom Meer umspült.
Nun, Britannien, frag, wer der rechtmäßige Eigner ist![511]
Es soll immer Dein sein, Anführer von Erbins[512] Geschlecht.
Innerhalb der Palisaden sind Menschen-Scharen und Lieder
und oben der Adler über den Wolken und unten die Spuren von weißer Gischt.
Vor dem großen Fürsten, vor dem Verfolger der Feinde,
dem Herrn des weitreichenden Ruhmes, versammeln sich die Männer zum Kampf.

Es steht eine schöne Burg auf der neunten Woge,[513]

---

511 In dieser zweiten Strophe wird deutlich, daß die Insel ganz Großbritannien ist.

512 Erbin: ein König von Süd-Wales

513 neunte Woge: Dies ist ursprünglich ein Bild für den Weg in die Wasserunterwelt gewesen, da die „9" die Symbolik „zum Jenseits gehörig" gehabt hat. Hier erscheint Großbritannien als die Jenseitsinsel, was eigentlich nur dann verständlich wäre, wenn Avalon, die Apfel-Insel zu der Zeit der Entstehung dieses Liedes schon zu einer Art Paradies geworden wäre

mit schönen Menschen in ihr – sorgenfreie Seelen.
Sie heben keinen Gefallen daran, über andere zu lästern;
es ist nicht ihr Brauch, hartherzig zu sein.
Ich spreche keine Verleumdungen gegen ihr Willkommenheißen:
„Besser ein Sklave in Dyfed [514] als ein Freibauer in Deudraeth[515]!"[516]
Eine Versammlung freier Männer, die zusammen feiern,
ziehen paarweise[517] die besten Männer der Welt herbei.

Es steht eine schöne Burg, in der alle, die sich dort versammeln,
sich freuen und zusammen mit den singenden Vögeln lobpreisen.
Ihre Lieder an den großen Festen sind glücklich,
Lieder über einen Herrn, der freigiebig und kühn ist.
Bevor er in die Eichenkiste[518] in der Kirche gelegt wurde,
gab er Met und Wein aus einem kristallenen Kelch.

Es steht eine schöne Burg auf einer Landzunge
und dort erhält jeder einen guten Anteil.
In Tenby[519] mit seinen hellen, weißen Möwen, kenne ich
die Gefährten des Bleidudd[520], des Herrn seines Hofes.
Es war mein Brauch, jede Nacht des Festes
in der Nähe meines Fürsten zu schlafen, der ruhmreich in der Schlacht war.[521]
Mit einem purpurnen Umhang um mich genoß ich meine Wohlbehagen –
so wurde ich zu einer Zunge[522] für alle Sänger in Britannien.

– und Großbritannien hier als ein „Paradies auf Erden" dargestellt werden sollte.

514 Dyfed: Südwest-Wales

515 Deudraeth: Ort in Nordwales

516 Hier erscheinen Süd-Wales und Nord-Wales als im Streit – das wiederspricht ein wenig dem Blick auf ganz Großbritannien in der vorigen Strophe. Ist diese Zeile möglicherweise eine alte Redewendung, die hier eingefügt worden ist?

517 paarweise: Warum paarweise – sind hier die beiden Anführer eines Heeres gemeint?

518 Eichenkiste: Sarg

519 Tenby: Küstenstadt an der Südwest-Spitze von Wales – an dieser Stelle wird die „Burg" konkreter. In Tenby sind auf einer Klippe am Meer noch heute die Reste einer Burg zu sehen – die Beschreibungen in diesem Lied treffen allesamt auf diese Burg zu.

520 Bleidudd: Fürst, Herzog, König

521 In den damaligen Gemeinschafts-Schlafräumen gab es eine „Schlaf-Ordnung" – in der Nähe des Burgherrn/Hausherrn schlafen zu dürfen, galt als Ausdruck des Vertrauens und der Wertschätzung. Dieser Brauch findet sich u.a. auch bei den Wikingern.

522 Zunge: Vorbild

Es steht eine schöne Burg, die von Liedern widerhallt –
dort hatte ich alle Rechte, die ich haben wollte.
Ich bestehe nicht auf meinen Rechten, ich habe gute Manieren –
der, der das nicht weiß, verdient keine Fest-Geschenke.[523]
Die Schriften Britanniens waren meine Hauptaufgabe,
wenn sich die Wogen in Aufruhr erhoben.[524]
Möge sie immer dort sein, diese Kammer, die ich dort aufsuche!

Es steht eine schöne Burg an einem hohen Ort:
Die Feste dort sind prächtig, sein Lob wird laut gesungen,
Und rings um diese Festung der Helden
greift feine Gischt mit ihren langen Schwingen an.
Die heiseren Seevögel fliegen zu der Spitze der Klippe.
Möge die Wut dazu verdammt sein, über die Klippen zu springen,
und möge Bleidudd[525] sich vollkommener Zufriedenheit erfreuen!
Möge dieses Lied zu seiner Erinnerung beim Bier willkommen sein!
Der Segen des Herrn des friedvollen Himmels wird uns erhalten:
Er wird uns nicht zu Feldarbeiten von Owains Enkel[526] machen.

- - -

Es steht eine schöne Burg an der Meeresküste,[527]
und dort erhalten alle die guten Dinge, die sie wollen.
Nun Gwynedd[528], frage ... ...[529]
... ... mögen Dein sein!
Sie verdienen die Speere, rauh und gerade.
Am Donnerstag sah ich Männer im Kampf streiten,
am Dienstag erlitten sie eine Demütigung,
rotes Blut auf ihren Haaren und Klagelieder der Harfe.

---

523 Fest-Geschenke waren vor allem bei dem Julfest (Wiedergeburt des Sonnengottes) üblich, was durch die christlichen Missionierung auf Weihnachten übertragen worden ist.

524 Der Dichter dieses Liedes scheint auch eine Art Bibliothekar gewesen zu sein, der u.a. in Krisenzeiten die Bücher schützen sollte.

525 Bleidudd: Fürst, Herzog, König

526 Owain: Fürst in West-Wales

527 Diese letzte Strophe ist möglicherweise eine spätere Hinzufügung, da sie einen völlig anderen Stil hat und weil das Gebet am Ende der vorigen Strophe ein passendes Ende für das Lied wäre.

528 Gwynedd: Nordwest-Wales

529 Lücke im Text

Gwynedds Heer war müde an dem Tag, als es ankam;
Auf dem Hügelkamm von Llech Maelwyn[530] brachen ihre Schilde.
Eine Schar von Verwandten fiel, der Sohn meines Neffen war einer von ihnen.

---

530 Llech Maelwyn: Berg in Snowdonia in Nordwales

IV 7.   Die Lieder mit vielen keltischen Elementen

IV 7. a)   Die Rätsel-Fragen

In diesem Lied werden christliche Themen im Barden-Stil dargestellt und durch lateinische Zitate ergänzt. Aus der Barden-Tradition stammt z.B. die Art der Fragen, die es in ganz ähnlicher Form auch bei den Germanen gab. Diese „Rätsel" haben ihren Ursprung darin, daß die indogermanischen Priester/Sänger ihr Wissen in der Form von Fragen und Antworten gelernt haben.

Dieses Lied stammt wegen seiner vielen christlichen Motive recht sicher nicht von Taliesin selber. Die vielen keltischen Motive, der keltisch-germanische Fragen-Stil sowie auch die Art der Fragen zeigen jedoch deutlich, daß dieses Lied fest in der Tradition der Barden/Druiden verankert ist.

Den ersten kunstvollen Schöpfungsbefehl: Wer sprach ihn aus?
Was kam zuerst: die Dunkelheit oder das Licht?
Adam – wo war er? An welchem Tag wurde er erschaffen?
Was die Erde betrifft – worauf wurde sie errichtet?
Die, die in Orden sind, denken nicht gerne
daß 'est qui peccator'[531] in ihrer Mitte –
für die Gemeinde-Priester ist der Himmel verloren.
Ein Jüngling erhob sich in der Frühe ...[532]
nach drei Glockenschlägen ...[533]
Die irischen und englischen Bastarde
beginnen die Schlacht.

Woher kommen Nacht und Tag?[534]
Warum ist ein Adler grau?
Warum ist es in der Nacht dunkel?
Warum sind die Finken grün?

---

531 daß 'est qui peccator' in ihrer Mitte: daß jemand in ihrer Mitte ein Sünder ist
532 Lücke im Text
533 Lücke im Text
534 „Nacht und Tag" ist noch die alte, jungsteinzeitliche Formulierung, die durch die Geburt der Sonne durch die Erd- und Nachtgöttin geprägt ist – dem heutigen „Tag und Nacht" liegt hingegen die Vorstellung einer Arbeit und des Ausruhens von dieser Arbeit zugrunde. In diesem Lied finden sich also durchaus noch alte Motive.

Warum brodelt die See?[535]
Sie steigt empor[536] *– und niemand kann sehen, warum.*
Es gibt drei Quellen,
die auf dem Berg Zion[537] *entspringen,*
und die Ruinen einer Festung
liegen unter dem Meer[538].
Du hast gefragt, als Du kamst,
wie der Name des Torwächters lautet?[539]

Wer hat die Beichte
von Mariens freigiebigem Sohn gehört?
Durch welche Liebe
wurde Adam erschaffen?
Was sind die Maße der Hölle?
Wie dick ist der Schleier?[540]
Wie weit öffnen sich die Kiefer des Höllentors?[541]
Wie viele verlorene Seelen sind dort?[542]
Welche Kräfte wirken in den Baumkronen,
daß sie ihre Blätter verlieren?
Und wieviele Üble[543]
verbergen sich in ihren Stämmen?
Und Lleu[544] *und Gwydion*[545] *–*
sind sie Magier gewesen?
Wissen die Buch-Gelehrten,
woher die Nacht und die Flut geflossen kommen

---

535 Die fünf ersten Fragen in dieser Strophe stammen nicht nur von ihrem Stil, sondern auch von ihrem Inhalt aus der Tradition der Druiden und Barden.

536 die See steigt empor: die Flut

537 Berg Zion: der Tempelberg in Jerusalem

538 Ruinen unter dem Meer: Anspielung auf eine walisische Sage, die wiederum auf die Jenseitshalle des Gottes Mannan McLir am Meeresgrund zurückgehen wird

539 In der walisischen Sage ist die Festung versunken, weil der Torwächter unaufmerksam gewesen ist.

540 Schleier: vermutlich der am Jenseitstor

541 Die Auffassung des Höllentors als eines Maules war damals weit verbreitet und findet sich auch in den germanisch-christlichen Liedern und Sagas.

542 Bis hierhin finden sich in der Strophe christliche Bilder – die folgenden Zeilen enthalten keltisch-germanische Motive.

543 Üble: Sind hier böse Geister gemeint oder besondere Totengeister?

544 Lleu: Magier aus dem Mabinogion, ursprünglich der keltische Sonnengott-Göttervater

545 Gwydion: Magier aus dem Mabinogion, Onkel des Lleu

und wie sie sich niederlegen?
Wohin flieht die Nacht vor der Dämmerung,
sodaß sie nicht mehr gesehen werden kann?

Pater noster ambulo
gentis tonans in adiuuando
sibilem signum
rogantes fortium.[546]

Um die Dinge wieder zu richten,
kämpften zwei Geschickte.[547]
Gottes Priester sprechen
über das strafende Höllenfeuer.[548]
Diese Waliser, die jetzt jubeln,
werden in das heiße Höllenfeuer gelangen.
Wie werden sie dann brüllen!
Die Seelen werden geprüft werden
zwischen den Verfluchten.[549]
Die Waliser werden an der Spitze
der vollkommen Verlorenen stehen.
Dann wird es ein langes Klagegeschrei geben,
viel Blut wird vergossen werden.
Und es werden zu unserem Meer der Schande
hölzerne Rosse[550] *kommen:*
die in das Land einfallenden Angeln[551].
Zeichen[552] *werden gesehen werden.*
Rache an den Sachsen[553]*!*

---

546 Der lateinische Text soll hier vor allem Eindruck machen – in der Magie werden oft alte, nicht mehr oder zumindestens nicht mehr von allen verstandene Texte als „Kraftquellen" vorgetragen. Der Text bedeutet ungefähr „Vater unser – ich wache – Du, von dem der Donner denen zur Hilfe kommt, die um das geflüsterte Zeichen des starken Mannes beten."

547 zwei Geschickte: zwei Druiden oder Barden – vermutlich die kurz zuvor angeführten Magier Lleu und Gwydion

548 Mit diesem Satz wechselt das Lied wieder in die christliche Bilderwelt. Hier singt Taliesin als Seher über die Zukunft von Wales.

549 Verfluchte: Seelen in der Hölle

550 Holz-Roß: Schiff (eine germanische Kenning)

551 Angeln: einer der beiden Stämme der Angelsachsen

552 Zeichen: Omen, die die Zukunft anzeigen

553 Sachsen: einer der beiden Stämme der Angelsachsen

Unsere Gerüchte werden verklingen ...
unter unseren Anführern
wird sich ein Meister erheben.[554]
Gegen die kühnen Wikinger[555]
werden die britischen marini[556] *kämpfen!*
Unsere Männer werden wahrsagen,
sie werden verstreute Männer niedermähen
an dem Fluß Severn[557].
Raubgut von Mönchen in losen Gewändern
... ...[558]
Solange ich lebe, werde ich beten,
Schöpfer, Adonai[559].
Mögen die Heiden[560] *weit fort gesandt werden*
condigni cota[561] *von der Schutzmauer cornu amandur*[562].
Und ich bin bei geschickten Männern gewesen,
bei dem alten Math[563], *bei Gofannon*[564],
bei Eufydd[565], *bei Elestron*[566] –
mächtige Männer waren meine Gefährten[567].
Ein Jahr in der Festung des Gofannon:
ich bin alt, ich bin jung, ich bin Gwion[568];
ich bin vollkommen, ich bin berühmt.[569]
In der Zukunft werden bewaffnete Iren

---

554 Der „Meister" wird die Waliser von den Angelsachsen erlösen – dasselbe Motiv findet
   sich auch in der Artursage, in der Arthus dieser „Meister" ist.

555 Wikinger: Angelsachsen

556 marini: lateinisch für „Seemann"

557 Severn: Fluß in Wales

558 Lücke im Text

559 Adonai: hebräisch für „Herr, König"; einer der Namen Gottes im Alten Testament

560 Heiden: vermutlich die Angelsachsen

561 condigni cota: lateinisch für „soviele es verdienen"

562 cornu amandu: lateinisch für „von dem Horn fortgetrieben" (Horn = Speer, Schwert o.ä.)

563 Math: König und Magier aus dem Mabinogion

564 Gofannon: Neffe des Math

565 Eufydd: ein mit Math verbündeter Magier

566 Elestron: vermutlich auch ein mit Math assoziierter Mann

567 Eine ähnliche Geschichte, in der ein Mann viele Helden aus alter Zeit erlebt hat, findet
   sich in der germanischen Saga über Norna-Gest, der 300 Jahre alt geworden sein soll.

568 Gwion: Name des Taliesin, bevor er starb („alt") und wiedergeboren wurde („jung")

569 Solche Selbstbeschreibungen und Selbstpreisungen sind bei den Druiden/Barden
   allgemein üblich gewesen.

die alten Briten plündern,
... ...⁵⁷⁰ die Feste der Trunkenen.
Ich bin ein Dichter, ich bewerte keine geringen Männer.⁵⁷¹
Ich führe, ich gewinne in dem Sängerwettstreit.
Er wird seine Samen weithin streuen,
aber niemals seine Ernte lagern können –
ein murmelnder Mönch in einem Speisesaal.⁵⁷²
Dichter, die unbekannt und überheblich sind
und über Met-Krüge herrschen,
singen unwahre Dichtung,
und erhalten dafür keinen Lohn,
keine Gunst, keine Schätze.
Und danach wirst Du
Aufruhr sehen, die Welt wird auf dem Kopf stehen.⁵⁷³
Frag nicht nach Frieden – der ist fort!

---

570 Lücke im Text

571 Taliesin singt nur über „große Männer".

572 Dieser Satz soll vermutlich Taliesins Gegner bei dem Sänger-Wettstreit beschreiben: Taliesins Gegner singt („Samen"), aber er wird nicht den Preis gewinnen („keine Ernte einbringen können"). Sein Gegner hat auch keine laute, klare Stimme ...

573 Taliesin beschreibt hier die ungesunde Wirkung von „falscher Dichtung".

IV 7. b)   Die Schlacht der Bäume

Die folgenden Verse beschreiben, wie die Tuatha de Danan (Götter) die Bäume zu Hilfe riefen, um die Fomorii (Riesen) zu besiegen. Dies ist das indogermanische Thema des Kampfes der Götter gegen ihre Riesen-Vorfahren (Griechen: Götter – Titanen; Germanen: Asen – Riesen; Inder: Devas – Asuras usw.)

Im Mabinogion findet sich ein Vergleich des Heeres mit einem sich bewegenden Wald. Ob dieses Bild der Ursprung dieser Erzählung ist oder ob sie auch auf die Vorstellung der Bäume als lebender Wesen zurückgeht, läßt sich nur schwer entscheiden. Im 3. Teil dieses Gedichtes wird beschrieben, daß sich die britischen Krieger in Bäume verwandelten.

Auch bei den Germanen ist es üblich gewesen, Menschen als Bäume zu umschreiben: Frauen mit den weiblichen Bäumen (die Birke) und Männer mit den männlichen Bäumen, von denen es im Germanischen mehr als im Deutschen gibt (der Wacholder). Diese Bäume wurden vor allem in den germanischen Kenningarn verwendet, die auch eine der Wurzeln dieses „Baum-Liedes" sein werden: „Birke des Halsschmucks" = Frau; „Eiche des Speeres" = Mann. Diese Kenningar waren sehr beliebt und könnten durch die Angelsachsen nach Großbritannien exportiert worden sein.

Im 1. Teil des Gedichtes zählt Taliesin die verschiedenen Gestalten auf, die er schon angenommen hat.

Im 2. Teil beschreibt er ein Ungeheuer, das vermutlich die Bedrohung durch die Fomorii darstellt und in seiner drastischen Darstellung eine gewisse Ähnlichkeit mit dem Drachen aus der Johannes-Offenbarung aufweist. Als ein solches Ungeheuer beschrieb Taliesin bei seiner Anrufung des Sturmes im Schloß des Königs Maelgwn auch den Wind. Daher könnte dieses Ungeheuer auch in diesem Gedicht etwas anderes darstellen – so wie die Riesenkönige in den keltischen Sagen ursprünglich der Sonnengott in der Wasserunterwelt gewesen sind.

Im 3. Teil wird beschrieben, wie der Druide Gwydion den Wald zur Hilfe ruft und dann alle Bäume und Pflanzen herbeikommen.

Im 4. Teil wird die Erschaffung eines Wesens aus Pflanzen beschrieben, als das sich der Barde Taliesin, der dieses Lied singt, auch schon erlebt hat. Dieses Wesen erinnert sehr an die Göttin Blodeuwedd („Blumengesicht") aus dem Mabinogion, die aus Blüten erschaffen worden ist. Sie scheint die Jenseitsgöttin zu sein. Sie wurde von dem Druiden Gwydyon („Waldkenner") und dem König Math aus Eichenlaub, Ginster und Mädesüß erschaffen. Blodeuwedd scheint daher in gewisser Weise mit dem kämpfenden Wald identisch zu sein.

Diese Einteilung findet sich nicht im Original, sondern ist hier vorgenommen worden, um den Aufbau des Liedes leichter erfaßbar zu machen.

Dieses Gedicht beschreibt, wie Gwydyon und Math (Wales) bzw. die Tuatha de Danan (Irland) die Natur selber zur Hilfe rufen, um die riesenhaften Fomorii zu besiegen. Die Gegner, die bekämpft werden, werden in dem Gedicht jedoch nicht genannt. Die Verse könnten daher evtl. auch eine Beschwörung des Frühlings o.ä. sein, wozu allerdings der kriegerische Charakter der Verse nicht ganz passen würde.

Vereinzelt finden sich auch in diesem Lied des Taliesin schon christliche Motive.

Das Baumkampf-Motiv kommt auch in späteren Geschichten vor. In „Die zweite Schlacht von Magh Tured" beleben zwei Zauberinnen, die dem Sonnengott Lugh helfen, Bäume und Steine, damit sie kämpfen können.

In neuerer Zeit wurde dieses Motiv durch „The Lord of the Rings" von J.R.R. Tolkien wieder bekannter: Die Weiden im „Old Forest" und die Bäume in „Fangorn".

Ich hatte eine Vielzahl von Gestalten
ehe ich frei wurde.[574]
Ich war ein Schwert, schmal, voller Magie –
Ich vertraue seinem Spiel.
Ich war eine Träne in der Luft,
Ich war der glitzerndste der Sterne,
Ich war ein Wort in den Schriften,
Ich war ein Buch in der Hand eines Priesters,
Ich war das Licht von Laternen
für ein Jahr und ein halbes.
Ich war eine Brücke, die sich
über dreimal[575] zwanzig Flüsse spannte.
Ich war ein Weg,
Ich war ein Adler,
Ich war ein Boot im Meer,
Ich war die Höflichkeit beim Festmahl,
Ich war ein Tropfen in einem Regenschauer,
Ich war ein Schwert in einer Hand,
Ich war ein Schild in der Schlacht.
Ich war die Saite einer Harfe –
verzaubert für neun Jahre
im Wasser, im Schäumenden ...
Ich war ein Zunder im Feuer,

---

574 frei: wiedergeboren, weise
575 Die Zahl „3" weist oft auf das Jenseits hin – dann wäre hier die Jenseitsbrücke bei der Jenseitsreise des Gwion/Taliesin gemeint.

ich war ein brennender Wald.
Ich bin nicht der, der nicht singt –
das habe ich von klein an getan:
Ich habe darüber gesungen, wie die Bäume in den Krieg zogen
vor dem Anführer der Briten.
Ich trieb die weißen Rosse schneller an
im Kielwasser der reichen Flotte[576].
Ich erstach das viel-schuppige Ungeheuer[577] [578]
mit seinen hundert Köpfen,
das eine Schar von Seelen
an der Wurzel seiner Zunge gefangen hielt
und eine weitere Kampfgruppe
an der Rückseite eines jeden seiner Nacken.
Diese schwarze Kröte mit gespaltener Zunge
mit hundert Klauen,
diese Schlange, gefleckt, mit einem Schutz auf dem Kopf,
in deren Fleisch hundert Seelen
wegen ihrer Sünden gefoltert werden.

Ich war in Caer Nefenhir[579] –
dorthin eilten das Gras und die Bäume in den Krieg.
Die Barden sangen,
die Krieger griffen an.
Ein neuer Tag für die Briten,
den der Druide Gwydyon[580] hervorrief.
Sie riefen den Himmel,
sie riefen Christus den Allmächtigen,
daß er sie erretten möge –
der Herr, der sie erschaffen hat.
Und Gott antwortete ihnen:
„Durch die Worte, ihr geschickten Männer,
sollt ihr die gewaltigen Bäume
als hundert Mann starkes Heer erscheinen lassen,
die dem starken, Gaben-geizigen

---

576 Hier ist von „hölzernen Rossen", also von Schiffen die Rede.
577 Ungeheuer: der vielköpfige Drache aus der Johannesoffenbarung
578 Hier beginnt eine Schilderung der christlichen Hölle.
579 Möglicherweise eine Festung im schottischen Galloway
580 Gwydyon = „Wald-Wissen" = im „Math von Mathonwy" ein Magier und Vater des Lleu

Kriegsherrn widerstehen. "[581]

Nachdem die Bäume verzaubert worden waren –
dabei erhob sich unsere Hoffnung –
mähten sie die Krieger nieder
mit ihren mächtigen Ästen.
Sie fielen über die Heere her
an dreißig Kampf-Tagen.
Eine Frau klagte:
Trauern ist Erblühen.[582]
An der Spitze – die erste Mutter.[583]
Dort gab es schlaflosen Beute-Hunger,
der verursachte uns keinen Schaden –
Blut bis hinauf zu unseren Schenkeln.
Die schlimmste der der drei Plagen,
die über die Welt kam –
die eine, die
wegen der Sintflut entstand:
Dann kam Christi Kreuzigung,
dann das Letzte Gericht.

Als erste kam die Erle,
sie formte die Vorhut.
Die Weide und die Eberesche
kamen zu spät zum Heer.
Die dünne Schlehe
war gierig nach Blutvergießen.
Die geschickte Mispel
bereitete sich zum Kampf.
Der stachlige Rosenstrauch rückten vor
gegen ein wütendes Heer.
Die Brombeerranke traten hervor,
sie errichteten keinen Wall
um ihr eigenes Leben zu schützen.
Liguster und Geißblatt
und Efeu – obwohl sie weich scheinen –

---

581 Hier wird das Erscheinen der Baum-Krieger auf ein Wunder durch die Druiden, das Gott
    ihnen befohlen hat, zurückgeführt.
582 Diese Aussage ist unklar.
583 Die Übersetzung ist unsicher.

waren kühn im Kampf.
Der Kirschbaum war vorsichtig.
Die Birke kleidete sich – obwohl sie edel ist –
nur langsam,
doch nicht weil sie rückgratlos war,
sondern wegen ihrer Größe.
Der Goldregen war entschlossen –
gegen die Fremden an der Küste.
Die Kiefer war die Beste
und gewann den Stuhl in dem Wettstreit.[584]
Die Esche vollbrachte große Taten
vor den Fürsten.
Trotz ihres großen Reichtums
wich die Ulme keinen Schritt –
sie schlug zu in der Mitte,
an den Flanken und in der Nachhut.
Die Haselnuß maß Waffen aus
für das Toben der Schlacht.
Hartriegel, sei gesegnet –
Du bist der Stier der Schlacht, der Herr von allen.
Morawg und Moryt ...[585]
Die Buche wurde fruchtbar.[586]
Auch wenn die Steckpalme erbleichte
war sie tapfer in der Schlacht.
Der berüchtigte Rotdorn
verursachte eiternde Wunden.
Auch wenn gegen sie gekämpft wurde,
schlug die Espe so manchen nieder.
Der Farn war ungezügelt,
doch der Besenginster in der Vorhut des Heeres
wurde in den Schlamm niedergetrampelt.
Obwohl der Stechginster glücklos war,
schloß er sich dennoch dem Heer an.
Das Heidekraut war siegreich,
dehnte sich nach allen Seiten aus.
... in der Verfolgung.[587]

---

584 Der beste Sänger erhielt einen Stuhl an der Tafel des Königs.
585 unvollständige Zeile; beides sind Eigennamen – liegt hier ein Verschreiben vor?
586 fruchtbar: Dieses Adjektiv paßt hier nicht – ist etwas anderes gemeint?
587 unvollständige Zeile.

Der Eiche leidenschaftliche Schreie;
auch der Färberwaid, der kühne Plünderer,
wurde in den Aufzeichnungen genannt.
Selbst der geborstene Baum
verursachte Panik –
Schläge abweisend schlug er zurück
und stach andere.
Im Heer tat sich die Birne
auf dem Schlachtfeld hervor.
Und es gab eine furchtbare Woge
des süßduftenden Klees.
Obwohl sie schüchtern war,
kämpfte die Kastanie an der Seite der kühnen Bäume.

So wie die Pechkohle schwarz ist
und ein Berg rund
und ein Hirsch bewaffnet
und das große Meer schnell,
so hat die Birke seit dem Schlachtruf
ihre Blätter für uns ausgestreckt –
ihre Kraft hat uns verwandelt;
Die Knospen der Eiche fingen uns
mit dem Lied des Maelderw[588] ein.
So wie sich die Woge lachend an einem Felsen bricht,
so ist der Herr, den die Feindes-Scharen nicht kümmern.

Nicht aus einer Mutter
noch aus einem Vater wurde ich geformt –[589]
Mein Gestalt wurde erschaffen
aus neun Elementen;[590]
aus der Frucht aller Früchte –

---

588 Ein Lied in dem „Book of Aneirin", das als vorbildlich galt. Der Barde Aneirin ist ein Zeitgenosse von Taliesin gewesen.

589 In der keltischen Mythologie trifft dies vor allem auf die Göttin Blodeuwedd zu, die aus Pflanzen erschaffen wurde.

590 Dieses Motiv erinnert daran, daß der germanische Sonnengott-Göttervater Tyr-Heimdall der Sohn von neun Müttern war. Die „9" ist hier einfach ein Adjektiv mit der Bedeutung „zur Unterwelt gehörig". Damit ist die Unterweltsgöttin gemeint (Germanen: Freya-Hel; Kelten: Dana-Blodeuwedd), die am Morgen die Sonne gebiert, dessen „neunfache" Mutter sie folglich ist.

aus den Früchten, die Gott am Anfang schuf:
aus Schlüsselblumen – aus den Blumen auf dem Hügel,
aus Bäumen – aus den Pollen der Bäume,
aus Erde – aus der Erdscholle,
wurde ich geformt,
aus den Brennnessel-Blüten,
aus dem Wasser der neuten Woge.[591]
Ich wurde von Math beschworen –[592]
bevor ich beschenkt wurde.[593]
Ich wurde von Gwydion beschworen,
dem großen Magier der Briten,
von Eurwys, von Euron,
von Euron, von Modron,[594]
von fünf Magiern[595] *–*
den Zieheltern –
als ich aufgezogen wurde,
wurde ich von einem König[596] *beschworen*
und kam aus dem brennenden Ödland.
Ich wurde durch die Weisheit
der Weisen beschworen bevor die Welt war,
bevor ich war,
bevor die Welt begann.

---

591 Es fällt auf, daß hier keine neun, sondern nur sechs Elemente aufgezählt werden. Offensichtlich sind hier nicht die genauen neun „Zutaten", sondern die Zahl „9" und ihre Symbolik wichtig. Die „neunte Woge" erinnert sehr stark an die „neun Wogen" als die die neun Töchter der Jenseitsgöttin Ran in der germanischen Mythologie angesehen werden.

592 Im Mabinogion hat Math zusammen mit Gwydion aus Pflanzen die Göttin Blodeuwedd erschaffen, die dann die Frau des Sonnengott-Göttervaters Lleu Llaw Gyffes („Lugh mit der langen Hand") wurde. Diese Strophe handelt also von der Erschaffung der Blodeuwedd – diese Strophe ist hier vermutlich eingefügt worden, weil die Erschaffung einer Frau aus Pflanzen der Darstellung der Bäume als menschliche Krieger in der vorigen Strophe sehr ähnlich ist.

593 Ist „beschenkt werden" eine Umschreibung für ihre Hochzeit mit dem Sonnengott-Göttervater Lleu Llaw Gyffes?

594 Modron („Große Mutter") ist im Mabinogion die Mutter des Helden Mabon („Großer Sohn"). Vermutlich handelt es sich bei ihnen um die Erd- und Jenseitsgöttin sowie um den Sonnengott-Göttervater als deren Sohn. Eurwys, Euron und Euron sind ansonsten unbekannt. Im „Loblied der Cerridwen" werden zwei Magier mit den Namen „Euronwy und Euron" erwähnt, die mit „Eurwys und Euron" identisch sein werden.

595 Gwydyon = „Wald-Wissen" = im „Math von Mathonwy" ein Magier und Vater des Lleu

596 König: vermutlich Gott

Ich bin ein schöner Dichter[597] mit erlesenen Gaben[598] –
bei Lobpreisungen besitze ich das,
was die Zunge erschafft.[599]
Ich spielte im Licht,
schlief in Purpur gehüllt.[600]
Ich war in der Festung
zusammen mit Dylan, dem Sohn des Meeres[601].
Mein Bett war tief innen,
zwischen den Knien des Königs.[602]
Meine beiden eifrigen Speere[603]
kamen vom Himmel herab,
von Annufns Flüssen[604]
kamen sie – schlachtbereit.
Vier mal zwanzig mal hundert Männer
erstach ich wegen ihrer Gier.
Sie nicht älter, nicht jünger
als ich in ihrer Leidenschaft.
Sie hatten den Eifer von hundert Männern,
doch ich hatte neunhundert.[605]

---

597 schön: der die Richtigkeit („Awen") kennt und in seinen Versen umsetzt

598 Gabe: vor allem die Richtigkeit („Awen")

599 was die Zunge erschafft: Worte

600 spielen: dichten; Licht: Segen der Awen; Purpur: vermutlich eine Anspielung auf das damalige Königs-Purpur

601 Dylan: Er ist der Gott des Meeres, ursprünglich vermutlich der Sonnengott-Göttervater Dagda als Nuada in der Wasserunterwelt (entspricht dem germanischen Tyr als Ägir in der Wasserunterwelt oder dem griechischen Zeus als Poseidon in der Wasserunterwelt – ein altes indogermanischen Motiv). Sein vollständiger Name/Titel lautet „Dylan eil Don" = „Sohn der Wellen, Enkel der Don". Don ist die Mutter- und Wassergöttin Dana. Dylans Festung wird die Jenseits-Halle auf dem Boden des Meeres sein, die recht genau der Halle des germanischen Meeresgottes Ägir auf dem Grund des Meeres entspricht.

602 Ist mit diesem Vers gemeint, daß er von dem König wie ein Sohn geschützt wird?

603 zwei Speere: Liegt hier eine Assoziation zu den beiden Pferde-Söhnen des Sonnengottes vor? (Kelten: die beiden Rosse des Lugh; Germanen: die beiden Alcis des Tyr; Griechen; die beiden Dioskuren; Römer: Kastor und Pollux; Inder: die beiden Ashvins; usw.)

604 Annufn: die Unterwelt bzw. die Göttin der Unterwelt: Annufns Flüsse: Jenseitsfluß, Grenze zwischen Diesseits und Jenseits

605 Bei den Germanen ist „900" das Größte (100) in der Unterwelt (9), d.h. die Jenseitsgöttin (die im Hymir-Lied 900 Köpfe hat). Anscheinend erhält Taliesin seinen „Eifer", also seine Kraft wie der Sonnengott-Göttervater aus der Unterwelt. Diese Verbindung gibt es des öfteren – so ist der keltisch-irisch Nationalheld und Barde-Druide Cú Chulain der Sohn des

Mein geflecktes Schwert[606]
bringt mir Blut-Ruhm.
... von Gott, aus dem Grab, in dem er lag.[607]
Der Sanftmütige, der von einem Keiler getötet wurde:[608]
Er machte, er erschuf,
er machte die Völker.
Leuchtend ist sein Name, stark seine Hand,
er befiehlt eine Schar;
sie verteilen sich in Schwärmen
von Funken, die von oben herabkommen.[609]

Ich war eine gefleckte Schlange auf einem Hügel,
Ich war eine Viper in einem See,
Ich war eine Sichel in der Hand eines Hundeköpfigen[610],
Ich war ein Speer bei der Jagd.
Meine Gewänder und mein Kelch
bereite ich gut,
und vier mal zwanzig Wolken von Weihrauch
schweben über allem,
sie sind fünfzig Keulen wert,[611]
die mein Messer alle zerschnitt,
und dazu sechs gelbe Rosse
und, hundertmal besser,
mein Roß Melyngan,[612]
das rasch wie eine Seemöwe ist.

Sonnengottes Lugh. Auch bei den Germanen waren die Priester (die den Druiden entsprachen) eng mit Tyr verbunden und hießen daher „Diar" (eine ältere Form von „Tyr").

606 gefleckt: mit Blut

607 Diese Stelle bezieht sich entweder auf Christus und/oder auf die Jenseitsreise des Taliesin; am Anfang der Zeile ist eine Lücke im Text.

608 Der Tod durch einen Keiler (männliches Wildschwein) ist bei den Kelten ein häufiges Motiv, das sich in ähnlicher Form auch bei den Germanen und Griechen findet. Es ist aus der Vermischung des Todes des Sonnengott-Göttervaters am Abend und seiner Annahme der Gestalt eines Keilers bei seiner Wiederzeugung (bei der die Jenseitsgöttin zur Bache wurde) entstanden. Dies Motiv ist vielfach umgedeutet worden.

609 Die Funken sind hier vermutlich die Seelen der Menschen, die bei der Zeugung vom Himmel in den Embryo herabkommen.

610 Hundeköpfiger: Im Mittelalter gab es die weitverbreitete Vorstellung, daß in abgelegenen Gegenden Menschen mit Hundeköpfen gelebt haben, die „Cynocephali".

611 Keulen: Rinderkeulen o.ä.

612 Melyngan: „blaßgelb, hellgelb", mit dieser Farbe ist vermutlich eine helles Ocker gemeint

Und ich, ich bin nicht schwach
zwischen Meer und Strand –[613]
ich habe selber
neunhundert beste Krieger getötet.[614]
Mein runder Schild ist rubinrot,
mein Schild-Ring ist golden.[615]
Ich wurde nicht in der Lücke geboren ... ...[616]
und nun kommt niemand zu Besuch
außer Gorowny[617]
von den Auen von Edrywy[618].
Lang und dünn sind meine Finger:[619]
Lang ist es her, daß ich Vieh gehütet habe.
Ich nahm die Gestalt eines Helden an,
bevor ich ein Gelehrter wurde.
Ich habe mich verwandelt, ich kreiste,[620]
schlief auf hundert[621] *Inseln,*
rastete in hundert Burgen.

Weise, gelehrte Männer:
Sagt das Kommen von Arthus voraus!

Da gibt es das, was zuvor war –
sie sahen Dinge, die gewesen sind:
und den Einen[622], *der kommen wird*

---

613 Bedeutet „zwischen Meer und Strand" so etwas wie „überall" oder eher „bei einer Schlacht von einfallenden Wikingern"?

614 „900": die „große Jenseits-Zahl"

615 Schild-Ring: der metallene Ring außen um den runden, hölzernen Schild der Germanen und auch der teils runden, teils annähernd ovalen Schilde der Kelten

616 Die Bedeutung dieser unvollständig erhaltenen Zeile bedeutet vermutlich, daß Taliesin keine niederen Eltern hat, also in einer königlichen Halle und nicht in einem Graben o.ä. geboren worden ist.

617 Gorowny: im Mabinogion der Herr von Penllyn (Bereich in Wales); er versuchte den Sonnengott Llaw Lleu Gyffes zu ermorden – er geht also auf den Gott der Nacht, der Wildnis, des Winters und des Todes zurück (er entspricht dem germanischen Loki)

618 Edrywy: Gegend in Norfolk

619 Der keltische Sonnengott Lugh trug den Beinamen „Lamfada", d.h. „der mit der langen Hand".

620 „Kreisen" ist hier ein anderes Wort für „verwandeln": zyklische Verwandlungen.

621 hundert: „groß, viel, wichtig"

622 Einer: Christus

wegen der Sintflut-Geschichte,
und Christi Kreuzigung –
der Tag des Letzten Gerichts, der kommen wird.
So strahle ich
wie ein in Gold gefaßter Edelstein
und mein Geist springt zu dem hinauf,
den Virgil vorhergesagt hat.[623]

---

623 Eine Stelle in den Texten des römischen Dichters Virgil (70-19 v.Chr.) wurde von der
   Kirche als Vorhersage der Ankunft Christi aufgefaßt.

IV 7. c)   Das Jugend-Lied des Taliesin

Dieses Lied soll von Taliesin in seiner Jugend gedichtet worden sein – ob das stimmt, ist unsicher, aber es gibt immerhin viele inhaltliche und stilistische Elemente, die aus der keltischen Tradition der Druiden/Barden stammen. In dem Lied selber gibt es keinen Hinweis darauf, daß es von einem „jungen Barden" verfaßt worden ist.

Ähnliche Lieder wie dieses gibt es auch bei den Germanen – sie dienten dem Erlernen von Wissen: Es wurde eine Frage gestellt und man mußte mit dem richtigen Satz antworten. Daraus haben sich dann später die Rätsel entwickelt, die bei den Germanen sehr beliebt waren. Auch einige der Fragen und Aussagen in dem folgenden Lied sind schon „Rätsel" in dem Sinne, daß sie nur jemandem verständlich sind, der das Weltbild der Barden-Druiden gut kennt.

Ich bitte meinen Herrn[624],
laß mich die Geschichte des Awen[625] zurückverfolgen –
was hat den Durst nach ihr
vor Cerridwens Tag[626] geboren,
den ersten Augenblick, in dem ihr Fehlen gespürt wurde?
Ihr Mönche mit euren Bücher-Wissen –
warum antwortet ihr mir nicht?
Warum haltet ihr mich jetzt nicht fest,
wo eure Jagd nach mir vorüber ist?[627]
Was zieht den Rauch himmelwärts?
Was hat das Böse geboren?
Welche Quelle ergießt das Licht
über die Decke der Dunkelheit?
Woher kamen die hellen Getreide-Halme?
Woher kommt die mondhelle Nacht,
während eine andere Nacht zu dunkel ist
um draußen auch nur Deinen Schild zu sehen?[628]
Woher kommt der große Lärm,
wenn die Wogen in Rache für Dylan[629]

---

624 Herr: Gott
625 Awen: Richtigkeit, Inspiration, u.a. auch in der Dichtkunst
626 Cerridwens Tag: der Tag, an dem Gwion/Taliesin von Cerridwen wiedergeboren wurde
627 Die Mönche könnten von Taliesin das Awen lernen.
628 Da man den Schild an seinem linken Arm trägt, kann man in der Dunkelheit offenbar
    wirklich nicht die Hand vor den Augen sehen …
629 Dylan: der Meeresgott im Mabinogion, eigentlich der Sonnengott-Göttervater in der

gegen die Küste schlagen
und nach uns greifen?
Warum ist ein Stein so schwer?
Warum ist ein Dorn so spitz?
Weißt Du, was besser ist –
sein Stamm oder seine Spitze?
Was kann am besten einen Schutz errichten
zwischen einen Mann und der Kälte?
Wessen Tod ist besser –
der eines jungen Mannes oder der eines alten?
Weißt Du, was Du bist,
wenn Du tief schläfst –
Leib oder Seele
oder strahlender Engel?[630]
Nun, Du geschickter Sänger,
warum sagst Du mir das nicht?
Weißt Du, wo die Nacht
auf den Tag wartet?
Weißt Du die Zahl
der Blätter auf den Bäumen?
Was wird die Berge erheben
vor dem Ende der Welt?
Was befestigt den Wall der Erde
Tag für Tag?
Und die Seele, um die wir weinen –
wer hat sie gesehen, wer kennt sie?
Wenn ich Bücher lese, bin ich erstaunt,
daß sie kein klares Wissen darüber haben,
wo die Seele Schutz sucht,
welche Gestalt ihre Glieder haben,
welcher Ort den großen Wind und die Strömungen freiläßt,
die so erstaunlich toben
und den Sünder bedrohen.
Ich wundere mich, während ich singe,
woher die süße Hefe kommt,
die die Verwirrung
durch Met und Honig-Bier erschafft.

---

nächtlichen Wasserunterwelt (die Sonne versinkt abends im Meer)
630 Die Tiefe mancher Fragen ist schon beeindruckend.

Was könnte all ihre Geschicke festlegen
außer Gott Vater in der Dreieinigkeit?
Warum sollte ich
irgendjemand anderes als Dich[631] *loben?*
Wer hat den Pfennig
aus einem Kreis Silber erschaffen?
Woher kommt die laute See,
die so laut wie ein Streitwagen ist?
Der Tod liegt unter allem,
unter alle Länder verteilt;
Der Tod steht über all unseren Häuptern,
eine Wolke, die sich weithin erstreckt –
doch über ihrer Decke steht der Himmel.
Dort ist ein Mensch alt bei seiner Geburt
und wird jeden Tag jünger.[632]
Eine Sache der Sorge
ist das Gedeihen dieser Welt:
An einem Tag große Reichtümer,
doch dann wird unser Leben beendet – warum?
Es wird großes Leid bereiten,
dieses lange Ruhen im Grab.
Möge der Eine, der uns erschaffen hat,
von dem Land aus, das über allem liegt,[633]
unser Gott, möge er der sein,
der uns am Ende wieder heim zu Ihm bringt.

---

631 Dich: Gott Vater
632 Stammt dieses Motiv aus den keltischen Reinkarnations-Vorstellungen?
633 Land über allem: Himmel

IV 7. d)   Das Lied, das vor den Söhnen des Llyr gesungen wurde

Ich sende meine Bitte zu Gott, dem Herrn aller Menschen,
dem Lenker der Himmelsheere – eine aufrichtige Bitte für das, was ich wünsche.
Ich sang auf einem Fest über freudlosem Trank,
Ich sang vor Llyrs Söhnen[634] in Aber Henfelen.[635]
Ich habe die Grausamkeit der Schlacht gesehen, das Leid, die Trauer;
ich sah die blitzenden Schneiden der Speerspitzen.
Ich sang für den ruhmreichen Herrn der sieben Auen,
für Brochgael[636] von Powys[637], ich wurde von meiner Awen[638] geliebt.
Ich sang in dem Schildwall[639] für Urien in der Dämmerung –
in dem Gras zu unseren Füßen floß das Blut –
Der Förderer meiner Dichtung[640] – Lieder aus Cerridwens Kessel.[641]
Mein Zunge lief frei – ein Vorratshaus an Inspiration.
Diese inspirierte Stimme – mein Gott hat sie geformt,
so wie er Milch, Tau und Haselnüsse erschaffen hat.[642]
Der Tod kommt ohne Zweifel näher und näher
und die Tage senken sich über die Felder von Enlli[643],
wenn Schiffe auf der Flut des Meeres hinausgesandt werden.
So laßt uns zu dem Herrn, der uns erschaffen hat, flehen,
daß er uns vor der Wut umherziehender Heere verschont.
Mon[644] ist als Ort mit schönen Feldern bekannt –
die Fürsten der Sachsen werden bei ihrem Toben ein gutes Los haben.[645]

---

634 Llyr („Meer"): der Meeresgott, entspricht dem irischen Ler, dem keltischen Lir und dem germanischen Hler; sein Sohn ist Mannan McLir – der alte Sonnengott-Göttervater am Abend, der in der Wasserunterwelt versinkt (Vater) und der junge Sonnengott-Göttervater, der als sein eigener Sohn am Morgen wiedergeboren wird und aus dem Meer aufsteigt

635 Aber Henfelen: die Bucht von Bristol

636 Brochgael; König, Vater des Cynan

637 Powys: Gegend im westlichen Zentral-Wales

638 Awen: Richtigkeit; Sie liebt Taliesin, weil er ihr treu ist.

639 Schildwall: Mehrere Krieger stehen im Kreis um ihren Fürsten und bilden mit ihren Schilden eine Schutzmauer rings um ihn.

640 Förderer meiner Dichtung: Urien

641 Der Trank im Kessel der Cerridwen gibt Weisheit und die Gabe der Dichtkunst.

642 Milch, Tau, Haselnüsse: Alle drei sind in den indogermanischen Mythen mit dem Wiedergeburts- und Dichter-Trank assoziiert.

643 Enlli: die Insel Bardsey

644 Mon: Angelsey

645 d.h. die Sachsen werden in Mon (Angelsey) viel Beute machen

Ich kam nach Deganwy[646] um an meinem Platz zu kämpfen –
zusammen mit Maelgwn, dem Größten an königlicher Macht.
Vor all den Höflingen errang ich meines Herrn Freiheit –
Elffin, Fürst der besten aller Männer.[647]
Ich habe drei Lieder von durchgehender Harmonie –
die Dichter werden sie bis zum Letzten Gericht singen.
In der Schlacht der Bäume[648] war ich bei Lleu[649] und Gwydion,[650]
als sie Flechten und Schwertlilien beschworen.
Ich war dort als Bran[651] in Irland kämpfte –
dort sah ich das Töten von Männern mit starken Schenkeln.
Ich habe gehört, wie wütende Krieger Waffen gegeneinander schlugen
in dem Kampf mit den geschickten Teufeln von Irland.
Von der Spitze von Penwith[652] bis fern nach Loch Ryan[653]
sind die Cymry[654] einig, Männer von großer Standhaftigkeit.
Die Hoffnung der Cymry, die in der Schlacht streiten,
ist es, daß die drei kriegerische Völker von wahrer Größe –
die Goidels[655] und die Briten und auch die Römer –
in den Krieg ziehen und die Dinge auf den Kopf stellen werden.[656]
Und an der Grenze von Prydein[657] mit seinen schönen Bauten
habe ich vor den Fürsten mit ihren Met-Kelchen gesungen.
Die Edlen gaben mir den ersten Schluck des feinen Tranks,
da ich ein großer Weiser bin, der vor Gaben überfließt.
In Caer Siddi[658] erschallt mein Lied melodisch –
dessen Bewohner nicht von Alter und Krankheit berührt werden,
wie Manawydan und Pryderi wohl wissen.[659]

---

646 Deganwy: kleine Küstenstadt in Nord-Wales, 20km östlich von Angelsey
647 Taliesin hat Elfin aus seiner Gefangenschaft befreit.
648 Schlacht der Bäume: siehe das Lied mit diesem Titel in diesem Buch
649 Lleu: Lleu Llaw Gyffes, der Sonnengott-Göttervater
650 Gwydion: Magier aus dem Mabinogion, Onkel des Lleu
651 Bran: ein Riese in den walischen Mythen und Sagen, eine Variante des Lleu
652 Penwith: Südwest-Spitze von Cornwall
653 Loch Ryan: Bucht in Südwest-Schottland
654 Cymry („Landsleute"): Waliser
655 Goidels: Iren
656 Vermutlich bedeutet dieser Satz, daß die Waliser auf Verbündete bei ihrem Kampf gegen
die Angelsachsen hoffen.
657 Prydein: Britannien
658 Caer Siddi: „Wohnort der Götter" = Unterwelt, Jenseits (dort war Taliesin bei seiner
Einweihung)
659 Im Mabonogion sind Manawydan und Pryderi in die Unterwelt gereist.

Vor ihnen spielen drei Orgeln[660]
und die Wasser der See schäumen rings um ihre Türme
und um die fruchtreiche Quelle, die über sie hinaufschießt
und deren Wasser süßer als weißer Wein sind.
Und nun, wo mein Gebet vorüber ist, Höchster der Könige,
und bevor ich in der Erde liege, laßt uns eine Vereinbarung treffen.

---

660 Orgel: offensichtlich ein christliches Motiv

IV 7. e) Die Beschwörung des Windes

Dieses Rätsel-Lied ist eine kurze Version der Wind-Beschwörung in der Geschichte des Taliesin, durch die Taliesin dort seinen Gönner Elfin befreit.

Ratet, wer dies ist:
Erschaffen vor der Sintflut.
Eine starke Kreatur,
Ohne Fleisch, ohne Knochen,
Ohne Venen, ohne Blut,
Ohne Kopf und ohne Füße.
Es wird nicht älter und nicht jünger werden,
Als es am Anfang war.
Es kann nicht vertrieben werden –
nicht durch Furcht, nicht durch den Tod.
Es braucht nichts zum Leben
wie andere Geschöpfe.
Großer Gott! Er ist so lebhaft
wenn er herbeikommt!
Sein Schöpfer
ist sicherlich ruhmreich!
Es ist ohne Hände, ohne Füße,
fühlt kein Alter, es kann keine
Schmerzen erleiden oder übles Schicksal;
und es hat dasselbe Alter
wie in allen fünf Zeitaltern;
und es ist zugleich mehrere fünzigmal älter;
und es ist so weit wie das Antlitz der Erde;
und es wurde nicht geboren –
deshalb kann man es nicht sehen.
Es ist auf dem Meer und auf dem Land,
es sieht nicht und es ist ungesehen.
Es ist launisch –
wenn man es will, kommt es nicht.
Es ist auf Land und auf See;
es wird gebraucht.
Niemand kann es schlagen,
niemand kann es besiegen,
es kommt aus allen Richtungen,

es hört auf niemanden.
Es reißt den Anker heraus
und schleift ihn über glatte Steine.
Er ist laut, er ist stumm,
er ist grob.
Er ist mutig, er ist kühn
und er überquert das Land.
Er ist stumm, er ist laut,
er ist voller Sorgen[661],
er ist der Lärmendste
auf dem Angesicht der Erde.
Er ist gut, er ist böse,
er ist schwer zu sehen;
er kann nicht erblickt werden,
unsere Augen können ihn nicht finden.
Er ist böse, er ist gut,
er ist hier, er ist dort,
schafft Chaos
und zahlt niemals Buße.
Er macht seine Schäden niemals wieder gut,
denn er ist tadellos.
Er ist naß, er ist trocken;
er kommt oft
wegen der Hitze der Sonne
und des Mondes Kühle herbei —[662]
doch der Mond bringt nichts Gutes,
denn er ist kühl.
Der Eine Gott erschuf
alle lebenden Wesen:
Sein ist der Anfang und das Ende.

Der Dichter ist nicht gut,[663]
der Gott nicht preist;
sein Gesang ist nicht rechtens,
wenn er nicht den Vater preisen kann.
Ein Pflug ist kein Pflug

---

661 Ist hier ein „heulender", „klagender" Wind gemeint?
662 Kühle des Mondes: Im Mittelalter gab es die Vorstellung, daß die Sonne die Hitze (Feuer) und der Mond die Kühle (Wasser) bringt.
663 Hier beginnt der christliche Teil des Liedes.

wenn er keine Pflugschar und keine Samen hat.[664]
Es gab kein Licht
vor der Schöpfung.
Es ist ein falscher Priester,
der nicht das Heer segnet.

Ein Betrüger ist der,
der die sieben Elemente nicht kennt.[665]
Zehn Reiche wurden bestimmt
in dem Land der Engel.
Das zehnte wurde verflucht,
von dem Vater verdammt.[666]
Ein Heer wurde zurückgeworfen,
vollkommen vernichtet:
das des Luzifers, des Verführers,
der ein verdorbenes Wesen hat.
Es gibt sieben Planeten –
Gottes Geschenke.
Ich, Seons[667] *weiser Mann,*
kenne ihren Gebrauch gut:
Mars entkräftet,
Die Sonne ist wie ein Rad,
der Mond ist Mühe,
Jupiter, Venus.[668]
Von der Sonne, von den Wassern
raubt der Mond sein Licht.
Das ist keine müßige Erinnerung,
kein Kreuz, das man anzweifeln sollte:
unser Vater und Pater,
unser Freund, der uns empfängt.
Gott, mögen wir nicht von Dir getrennt werden
durch Luzifers Heerscharen!

---

664 Samen: Saat zum Aussähen – hier wird das Pflügen als Teil der umfassenden Tätigkeit des
   Ackerbaus gesehen
665 sieben Elemente: die vier Elemente Feuer, Wasser, Luft und Wasser sowie die Dreieinigkeit (es gibt aber auch andere Varianten)
666 das verdammte Reich: die Hölle, in der Luzifer herrscht
667 Seon: Zion in Israel oder Caernarfon in Nordwest-Wales
668 Hier fehlen Merkur und Saturn.

IV 7. f) Die Unterwelt

Jenseitsreisen sind in der keltischen Literatur in Wales, in Irland, in der Bretagne usw. ein zentrales Thema – wie auch bei den Germanen sowie in so gut wie jeder älteren Religion. Die Kenntnis der damit zusammenhängenden Jenseitsvorstellungen und Mythen werden bei dem Zuhörer dieses Liedes natürlich vorausgesetzt – was das Verständnis dieses Liedes manchmal ein wenig schwierig macht.

Ich will den Fürsten[669] loben, den Herrn des Königreichs,
der seine Macht über die weite Welt erstreckt hat.
Gwairs[670] Zelle in Caer Siddi[671] war fest verschlossen
während der Tage der Taten des Pwyll und des Pryderi.[672]
Niemand ist vor ihm zu diesem Ort gelangt,
an dem die schwere graue Kette den treuen Jüngling gefangen hält.
Schwermütig sang er vor den Schätzen von Annufn –[673]
wir Sänger beten für ihn bis das Letzte Gericht dämmert.

Mit drei vollen Ladungen von Prydwen[674] segelten wir hierher –
und nur sieben Mann kehrten von Caer Siddi zurück.

Ich bin für meine Loblieder berühmt; diese Melodien
werden in der Burg mit ihren vier Ecken und den vier Wächtern gehört.[675]
Das erste Lied, das ich sang, sang ich über den Kessel,[676]
der über dem Feuer von dem Atem von neun Jungfrauen[677] erhitzt wird.
Der Kessel des Königs von Annufn[678] – was ist sein Wesen?

---

669 Fürst der Welt: Gott

670 Gwair: ein besonderer Gefangener in der Unterwelt – da es drei von ihnen gab, könnte es sich um den Sonnengott in der Unterwelt handeln, also um eine Entsprechung zu dem Gott Nuada

671 Cair Siddi: „Wohnort der Götter"

672 Pwyll und Pryderi: ein Vater und sein Sohn in einer Jenseitsreise-Mythe im Mabinogion

673 Annufn: Unterwelt, wörtlich „Wasser unten", also die Wasserunterwelt

674 Prydwen: unklares Objekt; der walisische Vorname „Prydwn" bdeutet „Stattlicher" – sind hier schlicht „Schätze" gemeint?

675 Burg: vermutlich die Unterwelt

676 Kessel: Kessel der Wiedergeburt = Gebärmutter der Jenseitsgöttin

677 neun: „zum jenseits gehörig"; neun Jungfrauen = Jenseitsgöttin

678 Annufn: Jenseits, Unterwelt

Der schwarzrandige Kessel mit seinem Perlen-Schmuck ...[679]
Er wurde nicht dafür erschaffen, um Speise für einen Feigling zu kochen.[680]
Lleogs[681] *blitzendes Schwert wurde in seine Tiefen gestoßen*
und es gelangte in die Hände des Springers.[682]
Und vor Annufns Toren brannten die Lichter.

Als wir mit Arthur reisten, der für seine Taten berühmt ist,
kehrten nur sieben Männer von Caer Medwit zurück.[683]

Ich bin für meine Loblieder berühmt; diese Melodien
hallen in der Burg mit ihren vier Ecken, in der starken Insel-Festung.[684]
Süßwasser und Pech vermischen und entzünden sich dort;
der Wein, der vor ihre Reihen zum Trinken aufgetischt wird, glüht.

Mit drei vollen Ladungen von Prydwen segelten wir hierher –
und nur sieben Mann kehrten von Caer Rigor[685] *zurück.*

Ich habe keine Lobesworte für kleine Männer, die fromm schreiben –[686]
Nicht einer sah Arthurs große Taten in Caer Wydr –[687]
dort starben sechstausend Männer auf den Wällen:
Hart waren die Worte, die sie mit den Wachtern wechselten.

Mit drei vollen Ladungen von Prydwen segelten wir hierher –
und nur sieben Mann kehrten von Caer Golud[688] *zurück.*

---

679 Perlen: Tautropfen? Tropfen des Zaubertranks in dem Kessel?

680 Ein solcher Kessel mit der Eigenschaft, daß ein Feigling ihm keine Speisen entnehmen kann, ist auch als einer der „13 Schätze Britanniens" bekannt.

681 Lleog („Zerstörer"): evtl. ein Gott, der am Abend den Sonnengott tötet

682 Springer: der erhoffte und erwartete Erlöser von Wales, evtl. eine Variante des morgendlichen, wiedergeborenen Sonnengottes – er „entspringt" der Nacht und der Unterwelt

683 Caer Medwit: „Burg des Met-Festes" – die Ähnlichkeit mit dem germanischen Walhalla, in dem die toten Krieger zusammen mit Odin Met trinken, ist unübersehbar

684 Insel-Festung: die Jenseitsinsel, die auch als „Avalon" („Apfelinsel") und „Tir-nan-og" („Land der ewigen Jugend") bekannt ist – bei den Griechen hieß sie „Atlantis" („Insel im Meer") und bei den Germanen „Walaskialf" („Toten-Insel")

685 Caer Rigor: „Forst-Burg" = Jenseits

686 Männer, die fromm schreiben: Mönche

687 Caer Wydr: „Glas-Burg" = Jenseits (Glas = durchsichtig – die Seelen sind unsichtbar)

688 Caer Golud: „Burg der Hindernisse" (Hindernis = man kann normalerweise nicht aus dem Totenreich zurückkehren)

Ich habe keine Lobesworte für kleine Männer, die lange Gürtel tragen,[689]
die nicht wissen, was erschaffen worden ist und wann,
zu welcher Mittagsstunde Gott selber geboren wurde,
wer den einen erschuf, der über den Doleu Defwy entfloh.[690]
Sie kennen nicht den Gescheckten Stier[691] *und sein starkes Halfter,*
sieben mal zwanzig Ringe bilden diese Kette.

Mit drei vollen Ladungen von Prydwen segelten wir hierher –
und nur sieben Mann kehrten von Caer Manddwy[692] *zurück.*

Ich habe keine Lobesworte für kleine Männer mit umherirrendem Geist,[693]
die nicht den Tag kennen, an dem der Herr entstand,
zu welcher Mittagsstunde der Meister geboren wurde
oder welches Geschöpf mit seinem silbernen Haupt sie bewachen.

Mit drei vollen Ladungen von Prydwen segelten wir hierher –
und nur sieben Mann kehrten von Caer Ochren[694] *zurück.*

Und die Mönche laufen zusammen wie eine Herde, wie ein Rudel Hunde –
im Wettstreit mit denen, die das Wissen kennen:[695]
Ob der Wind nur einen Weg nimmt, ob das Meer nur ein einziges Wasser ist,
ob des Feuers unaufhaltsame Macht nur ein einziger Funke ist.

Die Mönche laufen zusammen wie eine Herde, wie ein Rudel Wölfe –
im Wettstreit mit denen, die das Wissen kennen:[696]
Sie wissen nicht, ob die Dunkelheit vom Licht getrennt ist,
sie kennen nicht den Weg des Windes in seinem Rauschen,
wo der Wind etwas verwüsten wird, welches Land er trifft,

---

689 Männer mit lang herabhängenden Gürteln: Mönche
690 Doleu Defwy: Jenseitsfluß; der, der über ihn entfloh, also aus dem Jenseits zurückkehrte, kann bei der Anti-Möche-Haltung in diesem Lied kaum Christus sein – dieses Motiv wird sich eher auf den Sonnengott beziehen, der jeden Morgen aus der Unterwelt zurückkehrt
691 Gescheckter Stier: wie Gwair einer der drei „besonderen Gefangenen in der Unterwelt" – vermutlich sind dies drei Namen des Sonnengottes in der nächtlichen bzw. winterlichen Unterwelt
692 Caer Mandwy: „Burg des Beschützers" = Jenseits
693 Männer mit umherirrendem Geist: Mönche
694 Caer Ochren: „viereckige Burg" = Jenseits
695 die, das Wissen kennen: Barden und Druiden
696 die, das Wissen kennen: Barden und Druiden

wie viele Heilige in des Himmels Gewölbe sind und wie viele Schreine.

Ich lobpreise den Fürsten, den Herrn, den Großen Einen:
Laß mich nicht kummervoll sein: Christus wird mich belohnen.

IV 7. g)   Taliesins Frühlingslied

Boten sind zu mir gekommen – wie edel ist ihr Rang!
Trauer liegt auf mir – wie voll ist mein Herz!
Nur allzu vertraut – die Ruder in Belis Trank![697]
Nur allzu vertraut – leicht-gerüstete Männer um Mitternacht!
Nur allzu vertraut – der heftige Angriff nach dem Fest in der Burg!
Neunhundert Burgvogte, die dem Tod geweiht sind!
Im Mai bei den Menai[698] – das sind harte Treffen!
Und bei dem Conwy[699] noch mehr – dort wird Rache genommen.
Kalt ist der Tod, der so rasch ausgeteilt wird
durch das gnadenlose Eisen, durch den heftigen Hieb.
Drei gute Schiffe, unangreifbar, schwer mit Kriegern beladen,
drei Flotten in der Fluten, ein Vorgeschmack auf das Letzte Gericht,
drei Abende der Schlacht für die, die das Land besitzen wollen,
eine Plage, die nach vielen Gräbern verlangt,
alle drei dieser drei, alle drei dieser Gräueltaten,
sind eine Plage, die Gerechtigkeit zu den Höhen von Eryri[700] bringt.
Ein Heer der Sachsen, ein Herr der Wikinger und noch drittes, noch grausameres:
In Wales gibt es nur noch Frauen, die zu Witwen geworden sind.
Vor Cynans[701] Gebrüll wird Feuer auflodern –
Cadwaladr[702] wird in seiner Verbitterung
Hügel und Büsche niedertrampeln,
Strohdächer und Dachgiebel, Häuser in Flammen.
Ein Omen wird zu sehen sein:
ein Mann, der sich mit seiner Nichte vereint.[703]
Sie werden nach einem Mann aus Stahl rufen,
nach einem[704] Nachkommen des Anarawd:
von ihm wird ein Mann abstammen,

---

697 Beli: Sonnengott (Kelten: Bel, Belenus; Germanen: Beli; Meospotamien: Ba'al); sein
     Trank: das Meer; Beli ist auch der mythische Ahnherr der Könige von Gwynedd.
698 Menai: Die an der engsten Stelle nur 150m breite Straße von Menai trennt das Festland
     von Angelsey.
699 Conwy: Stadt an der Nordküste von Wales an der Mündung des Flusses Conwy
700 Eryri: Snowdonia, das Gebirge in Nordwest-Wales
701 Cynan: halbmythologischer walisischer Held
702 Cadwaladr: halbmythologischer walisischer Held
703 Nach den damaligen Regeln war das ein Inzest.
704 Anaraw: militärisch erfolgreicher König in Gwynedd um ca. 1000 n.Chr.

der in Brunanaburh[705] von Blut gerötet werden wird,
der nicht an dem Blut seiner eigenen Sippe spart,
nicht an dem seines Vetters, nicht an dem seiner Bruders.
Wenn das Kriegshorn erschallt,
werden Neunhundert[706] trauern!
Es ist ein grausamer Mann, vollkommen in seiner Kraft,
den die grünen Schößlinge dieses Frühlings ankündigen –
Er ist rasch darin, gegen alle zu ziehen, die ihn herausfordern!

---

705 Brunanaburh: eine Schlacht im Jahr 937 n.Chr. auf einer Halbinsel bei Liverpool –
   Athelstan von Wessex gegen dänische Wikinger, Pikten und Schotten
706 „900": Zahl der Jenseitsgöttin („9" = „zum Jenseits gehörend"; „100" = „das Große,
   Wichtige")

IV 7. h) Ein Gerücht aus Calchfynyd

Dieses Lied ist wieder voller kurzer Anspielungen auf Dinge, die ein damaliger Hörer dieses Liedes vermutlich sofort verstanden haben wird.

In diesem Lieb rauben sich Mabon und Owain – ganz in der gut 7000 Jahre alten indogermanischen Tradition – gegenseitig das Vieh.

Mir ist ein Gerücht aus Calchfynyd[707] zugetragen worden,
eine Schande für Deheubarth[708] über einen, der für seine Raubzüge berühmt ist.
Er gibt seinen Männern Güter, der grimmige Verteidiger der Christenheit.
Sein Tal ist voll von erfreuender Beute –
großzügig ist er zu den Verwandten der Heer-Männer, großzügig zu anderen Ländern;
schrecklich in der Schlacht – weißglühend in dem Land.
Was ist es, was man am wenigsten erwarten sollte, daß es ein Walieser sagen wird?
„Männer von Dyfed,[709] kommt, holt euch das Vieh von Idnos Sohn!"[710]
Und niemand würde das wagen, woher er auch immer kommen mag,
obwohl eines seiner Kälber hundert Kühe wert ist.
Deine Feinde halten sich ringsum fern von Deinem Land.
Wie bei einem heißen Feuer gibt es da Rauch, wo Du bist.
Als wir nach einer sicheren Fahrt durch Gwyddnos[711] Land suchten,
lag ein schlanker, weißer Leib[712] zwischen Kies und Strand.
Als sich die Wasser von Cludwys[713] Land zurückzogen,
legte sich keine Kuh nieder, da sie ihre Kälber vermißten –
Mabon[714] war an der Spitze[715], Mabon kam von ferne,
als Owain[716] um das Vieh seines Landes kämpfte.

---

707 Calchfynyd: die Stadt Kelso südlich von Edinburgh
708 Deheubarth: Südwest-Wales
709 Dyfed: Südwest-Wales
710 Idno: unbekannter Mann
711 Gwyddno: Vater des Elfin, des ersten Gönners des Taliesin, Fürst von Dyfed in Südwest-Wales
712 schlanker, weißer Leib: Dieses Bild ist unklar – ist damit ein Weg am Strand entlang gemeint? Möglicherweise der Sand mit der weißen Gischt auf ihm?
713 Cludwy: Clydeside in der Nähe von Glasgow in Zentral-Schottland
714 Mabon: vermutlich ein walisischer König
715 an der Spitze: Mabon war an der Spitze der Kälber, die er gerade geraubt hatte.
716 Owain: Sohn des Urien von Rheged

Eine Schlacht in Altclud[717], eine Schlacht in Ygwen[718];
eine Schlacht in Gossulwyt[719] mit lautem Wehklagen;
eine Schlacht gegen Rodas[720] Männer, die weiß wie Schnee aussahen,
die mit ihren schwarzen Speeren, die im Licht blitzen;
eine Schlacht an einem hellen Ort, ein Anführer von edler Herkunft:
der Schild in seiner Hand schützt beim Angriff.
Wer auch immer Mabon und sein grimmiges weißes Roß gesehen hat
als er inmitten von Rhegeds[721] Vieh ritt –[722]
sie konnten nicht ohne Blutvergießen und Leichen
vor Mabon fliehen – es sei denn, sie konnten fliegen.
Der Streit am Anfang wurde zu dem Beginn einer Schlacht –
Mabons Männer schwärmten aus und niemand konnte ihnen widerstehen.
Als Owain herbeikam um seines Vaters Vieh zu holen,
zerbarsten Kalk-Anstrich und Wachs und Holz.[723]
Niemand betrachtet hornloses Vieh als Beute
... ...[724] aus Angst, steife, blutbefleckte Leiber aufzuhäufen,
aus Angst vor einem mächtigen Mann des Feuers,[725]
aus Angst vor einem Krieger, der einen Krieg beginnt,
aus Angst vor Blut auf Fleisch,
aus Angst vor weit verbreitetem Leid.

Mir ist ein Gerücht von den südlichen Ebenen zugetragen worden,
über einen berühmten König, den Besten der Großzügigsten –
kein Bittsteller braucht sich über Dich zu beschweren.
An vielen Furten und Wäldern stehen Deine Männer:
Wenn die Schlacht begann, war er Herr, König und Drache.[726]
Das Vieh war wild, dort es geriet nicht in Panik wegen Mabon.[727]
Durch einen Kampf mit einer Schar Männer

---

717 Altclud: das Königreich Strathclyde zwischen Hadrianswall und Antoniuswall
718 Ygwen: unbekannter Ort
719 Gossulwyt: unbekannter Ort
720 Roda: unbekannter Fürst
721 Rheged: Gegend in Nordwest-England
722 Hier raubt Mabon das Vieh von Rheged.
723 Schilde wurden aus Holz gefertigt, mit Wachs versiegelt und mit Kalk gestrichen.
724 Lücke im Text
725 Feuer: Schwert; hier ist Mabon gemeint
726 Drache: eigentlich der tote Sonnengott in der nächtlichen Unterwelt; hier der König als
„Sohn" und Stellvertreter des Sonnengottes
727 Mabon führte das geraubte Vieh leise fort.

gab es Leichen und Beute in Rhun –[728]
und Grund zur Freude für die Raben – wie immer ...[729]
Laut war der Männer Geschrei nach der Schlacht wegen ihrer Wunden,
und nicht ohne Schaden war Owains Schild:
verbeult bei der Verteidigung in der Wirrnis der Schlacht.
Er raubte kein Vieh ohne blutige Gesichter zu hinterlassen:[730]
Blut auf den Viehspuren – grausam vergossen.
Rot[731] floß über die Scheitel der Köpfe
und Blut über Gesichter, die erblaßten.
Blut befleckte des Anführers goldenen Sattel.
Gwenhwys[732] Männer, die nach Beute suchten, wurden zerstreut.
Eine Herde[733], die sich vor harter Schlacht fürchtete, Vieh mit steifer Mähne,[734]
eine Herde[735], die von Hörnern[736] verteidigt wird – auf ihren Schilden sind Speere:
große, furchtlose Männer mit erhoben Schwertklingen.

Ein Kampf mit Owain dem Großen, ein grausamer Kampf.
Männer fielen um Mittag, die ihr Land verteidigten,
als Owain für Erechwydds[737] Segen gezogen kam,
ein Raubzug, dem sein Vater[738] einen Trinkspruch aussprach.

---

728 Rhun: eine Gegend in Wales
729 Die Raben fressen die Leichen.
730 Hier raubt Owain Urien-Sohn das Vieh seiner Nachbarn – vermutlich das von Mabon.
731 Rot: Blut
732 Gwenhwy: Gwent in Süd-Wales
733 Herde: Heer
734 steife Mähne: mit getrocknetem Blut im Haar?
735 Herde: Heer
736 Hörner: Waffen
737 Erechwydd: Land des Urien in Wales
738 Owains Vater: Urien

IV 8. Die Weissagungs-Lieder

IV 8. a) Die große Prophezeiung über Prydein [739]

Die zeitliche Perspektive in diesem Lied ist nicht ganz klar: Die Zukunft wird von Taliesin (bzw. Merlin) vorhergesagt, aber weder die Zeit, in der dies gesagt wird, noch die Zeit, in der die berichteten Ereignisse stattfinden sind, sind wirklich klar. Beide Daten sollten nach 500 n.Chr. liegen, da die Angelsachsen erst um 430 nach Britannien gekommen sind – was dazu paßt, daß Taliesin von 534 n.Chr. bis 599 n.Chr. gelebt hat. Die Genauigkeit der Ortsangaben und Heer-Bewegungen läßt vermuten, daß diese Prophezeiungen erst nach diesen Kämpfe niedergeschrieben worden sind und daß die Form der Prophezeiung lediglich diese Kriegsberichterstattung interessanter machen sollte.

Das zentrale Thema ist wie in der Arthussage die Hoffnung auf die Vertreibung der Angelsachsen.

Das Awen sagt voraus, daß sie[740] sich eilen werden:
Wir werden Schätze haben, Besitz und Frieden
und großzügige Herrscher und muntere Anführer
und nach dem Krieg Heimstätten an allen Orten;
Kühne Männer im Kampf-Lärm, wütende Krieger,
schnell im Angriff, langsam im Aufgeben der Verteidigung –
Kämpfer, die die Fremden bis fern nach Caer Wair[741] verstreuen.
Sie werden sich freuen nach der Verzweiflung,
sie werden Frieden bringen zwischen Cymry[742] und den Männern von Dublin[743],
den Iren von Irland und Man und denen von Britannien
und auch von Cornwall und den Männer von Strathclyde[744].
Die Briten werden sich erheben und dann herrschen.
Die Zeit, in der sie kommen werden, wurde seit langem vorhergesagt,
Herren, die ihren Besitz als Erbe weiterreichen.

---

739 Prydain: die walisische Bezeichnung für Britannien
740 sie: Cynan und Cadwaladr, die beiden Befreier Britanniens
741 Cair Wait: Caithness
742 Cymry: Wales
743 Dublin in Irland, damals ein Wikinger-Fürstentum
744 Strathclyde: Ort in Süd-Schottland

Nordmänner in einem Kreis, am Ehrenplatz
werden die Mitte der Vorhut angreifen.

Myrddin[745] hat vorhergesagt, daß sie den Truchsess[746]
des Großkönig in Aber Peryddon[747] treffen werden.
Und obwohl sie eines Nachts all die Toten beweinen,
werden sie einig fest stehen und die Schlacht beginnen.
Die Truchsesse werden ihre Abgaben einziehen,
obwohl die Heere der Cymry[748] sich zu zahlen weigern werden –
der ist ein edler Mann, der sagen wird,
daß er sich zu zahlen weigert, obwohl ihm der Kerker droht.
Bei Mariens Sohn, dem Großen der Welt – warum treten sie nicht
der Sachsen Herrschaft und deren Stolz entgegen?
Fort mit diesen Räubern des Vortigern von Gwynedd![749]
Die Fremden werden in die Verbannung gejagt werden.
Niemand wird ihnen helfen, sie besitzen kein Land,
unwissend werden sie jede Flußmündung hinauflaufen.
Thanet[750] haben sie durch geschickten Betrug gekauft.
Durch Hengist und Horsa[751] ist ihre Herrschaft gesichert worden.
Sie wurden an unserer Küste in schändlicher Weise immer mehr:
Nach hinterhältigen Totschlägen trugen Grobiane die Krone.
Trunkenheit kommt vom vielen Met-Trinken;
Mangel kommt von vielen Toden;
Frauentränen kommen von vielem Leid;
Grausame Herrschaft wird den Kummer anschwellen lassen;
die brüllende Welt führt zu Sorgen.
Wenn die die Plünderer von Thanet unsere Herren sind,
möge dann die Dreieinigkeit den Schlag abwehren, der dazu bestimmt ist
die Briten zu zerstören – schaffe ein Heim für die Engländer!

---

745 Myrddin: Merlin

746 Truchsess: Hofverwalter, Vertreter des Königs u.ä.

747 Aver Peryddon: Oberlauf des Flusses Wye in Mittel-Wales

748 Cymry: Waliser

749 Der König Vortigern von Gwynedd (Fürstentum in Nord-Wales) hat die beiden Sachsen-Anführer Hengist und Horsa um 447 n.Chr. in seinem Reich willkommen geheißen hat. Die ersten Angelsachsen sind jedoch bereits ab ca. 430 n.Chr. im Zusammenhang mit der Völkerwanderung in Europa nach Britannien gekommen.

750 Thanet: Grafschaft in Kent

751 Hengist und Horsa: Anführer der Angelsachsen, die um 447 n.Chr. nach England zu König Vortigern gekommen sind

Es wäre besser, sie würden verbannt werden
als daß die Cymry heimatlos werden.

Bei Mariens Sohn, dem Großen der Welt – warum treten sie ihr nicht entgegen,
die Cymry – gegen die Schande der Barone und Fürsten?
Bittsteller und Anführer beklagen alle dasselbe:
Sie sprechen mit einer Stimme, einem Rat, einer Haltung.
Es war nicht Stolz, der sie dazu bewegte, nicht zu verhandeln
und sie vor einem unrühmlichen Frieden zu bewahren.
Sie unterwarfen sich selber Gott und Dewi –[752]
Möge er den Betrug der Fremden abwehren und sie sühnen lassen,
sie, die schändliche Taten begehen, weil sie keine Heimat haben!

Die Cymry und die Sachsen werden sich treffen
an der Küste, sie werden kämpfen und töten.
Große Heere werden über einander herfallen –
Klingen auf den Hügeln, Schreie und Waffen-Klirren.
Rufe werden Rufen antworten über des Wye[753] funkelnde Wasser hinüber,
verlassene Banner, rücksichtslose Angriffe –
und die Sachsen werden wie Futter für die wilden Tiere fallen.
Die Cymry werden in Einigkeit geordnete Reihen bilden,
ihre Vorhut wird die Weißgesichtigen[754] hart angehen.
Die Truchsesse werden um ihr Leben bangen –
sie, die von ihrem blutbefleckten Heer rings umgeben sind.
Andere werden zu Fuß durch die Wälder fliehen;
über die Festungswälle werden die Füchse[755] fliehen.
Der Krieg wird nicht mehr in das Land der Briten zurückkehren,
sondern nach kummervollem Rat sich wie das Meer zurückziehen.

Die Truchsesse von Caer Geris[756] werden bitter klagen –
im Tal, auf dem Hügel, und einige werden stöhnen,
daß es nicht klug war, nach Aber Peryddon[757] zu kommen;
die einzigen Abgaben, die sie einsammeln werden, sind Schmerzen.

---

752 Dewi: David, der Schutzpatron von Wales
753 Wye: Fluß in West-Wales
754 Weißgesichtige: evtl. die vor Angst erblassenden Sachsen, die jedoch von den Briten auch
   allgemein als hellhäutig und sommersprossig beschrieben werden
755 Füchse: (listige) Krieger
756 Caer Geri: Cirencester
757 Aber Peryddon: Ort in der Nähe von Monmouth in Wales

Mit neun mal zwanzig mal hundert Männern greifen sie an –
welch ein Witz! – und nur vier mal hundert kehren zurück.
Sie berichten den Kampf ihren Frauen,
die ihre blutgetränkten Hemden auswaschen.
Die Verbündeten der Cymry wagen ihr Leben,
Männer aus dem Süden werden ihre Abgaben verteidigen.
Mit Klingen, die scharf geschliffen wurden, werden sie töten:
kein Heiler wird von dem, was sie tun, Nutzen haben.[758]
Cadwaladrs Heere[759] werden tapfer vorrücken,
laßt die Cymry angreifen – sie werden kämpfen!
Die Engländer haben den unvermeidbaren Tod gesucht;
das Ende ihres Eintreibens von Abgaben ist die Kenntnis des Todes.
Sie pflanzten ... ...[760] in anderen.
Sie werden niemals mehr ihre Abgaben eintreiben.

Durch Wälder und Felder, über den Hügel und durch Täler,
geht uns eine Kerze[761] in der Dunkelheit voraus.
Cynan[762] an der Spitze eines jeden Angriffs –
wegen den Briten werden die Sachsen Klagelieder singen.
Cadwaladr ist ein Speerschaft unter den Anführern –
er wählt einen jeden von ihnen mit Weisheit und Geschick aus.
Während seine Männer für ihren Beschützer fallen
und klagen, wird Rot[763] auf die Wangen der Fremden geschmiert,
um all ihren Widerstand zu beenden und reichlich Beute zu machen.
Die Sachsen werden nach Winchester fliehen – so schnell sie können.
Gesegnet sind die Waliser, wenn sie sagen können:
„Die Dreieinigkeit hat uns von unseren früheren Nöten erlöst;
es gibt keinen Grund zum Zittern mehr für Dyfed[764] oder Glywyssing[765]."
Die Truchsesse des Hochkönigs werden keinerlei Lob ernten
und auch nicht der Sachsen rücksichtslose Ratgeber.
Sie werden keinen Weg finden, um auf unsere Kosten trunken zu werden,
ohne durch das Schicksal alles zu verlieren, das sie geraubt haben –

---

758 d.h., daß alle getötet werden
759 Cadwaladr: halbmythologischer walisischer Sagenheld
760 Lücke im Text
761 Kerze: ein guter Führer
762 Cynan: halbmythologischer walisischer Sagenheld
763 Rot: Blut
764 Dyfed: Südwest-Wales
765 Glywyssing: Königreich in Südost-Wales

von Waisen und von anderen, die frieren müssen.
Durch die Gebete von Dewi und den britischen Heiligen
flohen die Fremden bis zu dem Fluß Arlego.[766]

Das Awen[767] sagt voraus, daß der Tag kommen wird,
an dem die Männer von Wessex eines Geistes sein werden,
eines Herzens, einer Absicht in Bezug auf Lloegr –[768]
und hoffen, daß sie unsere besten Heere demütigen können.
Die Fremden werden fortgehen, sie werden den ganzen Tag über fliehen,
nicht wissen, wohin sie gehen, wann sie weiterlaufen sollen und wann anhalten.
Wie ein Bär aus den Bergen stürmen unsere Männer in die Schlacht,
um sie voll und ganz für das Blut ihrer Gefährten bezahlen zu lassen.
Keine Pause in dem Schleudern ihrer Speere,
kein Mitleid für die Leiche eines gefallenen Mannes.
Schädel werden gespalten von Hirn entleert,
Frauen werden Witwen, Rosse werden reiterlos.
Im Angesicht des Angriffs der Krieger hört man ängstliches Stöhnen.
Hände werden viele verwunden bevor die Heere sich trennen.
Die Boten des Todes werden kommen,
wenn Leichen dastehen – aneinandergelehnt.
Dies wird die Tribute rächen, die täglichen Abgaben,
die ständigen Überfälle, die verräterischen Heere.
Die Cymry werden durch ihren beständigen Angriff siegen,
die gut vorbereiteten, einig in Wort, Sprache und Glauben.
Die Cymry werden in dem Krieg siegen
und sie werden ein Heer aus vielen Ländern zusammenbringen,
St. Dewis[769] Banner hoch erheben, die Iren mit einer Leinen-Flagge anführen.
Und die Reihen von Dublin werden mit uns gehen –
wenn sie in die Schlacht ziehen, dann werden sie uns nicht die Hilfe verweigern.
Sie bieten die Sachsen, ihre Forderungen aufzuzählen,
zu erklären, welchen Anspruch sie auf das Land erheben können,
wo ihre eigenen Länder liegen, von denen aus sie aufgebrochen sind,
wo ihre Verwandten leben, aus welchem Land sie kommen –
seit Vortigerns Tagen[770] haben sie uns niedergetrampelt.
Es ist nicht rechtens, daß sie unserer Verwandten Anteil halten –

---

766 Arlego: Fluß in der Nähe von Leicester
767 Awen: Richtigkeit, Inspiration, Dichtkunst
768 Llogr: Königreich in Northumbria oder Mercia
769 St. Dewis: der heilige David
770 Vortigern: englischer König, Vater von Artus, lebte in etwa von ca. 400-460 n.Chr.

Warum sonst haben sie auf dem Besitz unserer Heiligen herumgetrampelt?
Warum haben sie Dewi seiner heiligen Rechte beraubt?
Wenn sie sich fortwenden, werden die Cymry dafür sorgen,
daß kein Fremder von diesem Ort fortgeht
bevor sie nicht siebenfach für alles bezahlt haben, was sie getan haben.
So werden sie Garmons[771] Freunde mit Gewalt rächen –
vierhundert und vierzig Jahre danach:
langhaarige Krieger, Meister im Kampf,
werden aus Irland kommen, um die Sachsen zu vertreiben.
Von Lego[772] wird eine habgierige Flotte kommen,
die Verwüstung in einer Schlacht bringen und Heere in Stücke schlagen wird.
Kühne treue Männer werden aus Alt Clud[773] kommen,
ein glänzendes Heer, um sie aus Britannien zu vertreiben.
Ein machtvolles Heer wird aus Llydaw[774] kommen,
Krieger auf Schlachtrössern, gnadenlos zu ihren Feinden.
Auf allen Seiten wird Schande das Schicksal der Sachsen sein –
Ihre Zeit ist vorüber, ihnen bleibt kein Land.
Der Tod wird nahen für das Schwarze Heer,
Schwert und Verderben und Ehrlosigkeit.
Nach all dem Gold und Silber, das sie einst besessen haben,
laßt sie sich nun in Büschen verkriechen, um für ihren Verrat zu zahlen!
Laßt die See und den Anker nun ihre Ratgeber sein!
Laßt Blut und Tod nun ihre Waffenbrüder sein!
Cynan und Cadwaladr, Kriegsherren der Heere,
werden bis zum Jüngsten Tag verehrt werden, sie werden ein gutes Geschick haben:
zwei königliche Herren, weise in ihrem Rat;
zwei großzügige Männer, freigiebig mit Land und Vieh;
zwei, die bereit und fruchtlos sind, einig in Absicht und Glaube ;
zwei Beschützer Britanniens, mit ihren prächtigen Heeren;
zwei Bären, die niemals Schande fanden in ihren täglichen Kämpfen.

Die Weisen sagen voraus, was geschehen wird:
Von Manaw[775] bis Llydaw[776] gehört ihnen das Land,

---

771 Garmon: Germanus
772 Lego: Leicester
773 Alt Clud: Dumbarton in Strathclyde
774 Llydaw: Britannien
775 Manaw: die Gegend südlich des Firth of Forth
776 Llydaw: Britannien

von Dyfed[777] bis Thanet[778] ist alles ihnen;
vom Wall[779] bis zum Firth[780], bis hin zu den Mündungen.[781]
Ihre Herrschaft wird sich über Erechwydd[782] erstrecken.
Die Sachsen werden kein Recht haben, zurückzukehren.
Die Iren werden zurückkehren, um sich mit ihren Gefährten zu vereinen.
Laßt die Cymry[783] sich erheben, eine kriegerisches Schar –
Heere auf einem Bier-Fest, ein Getümmel von Kriegern
und Gottes eigene Könige, die treu geblieben sind.
Männer aus Wessex füllen die Schiffe, der Krieg ist vorbei
und Cynan[784] besiegelt ein Abkommen mit seinen Nachbarn.
Kein Fremder hat den Namen 'Krieger' verdient –
doch Cadwaladers[785] Bettler und Heimatlose verdienen ihn!
Jeder Waliser wird freudige Worte zu sprechen haben.
Und was die Quäler der Insel[786] betrifft: ein vorüberziehender Schwarm ...
Bis hin nach Sandwich [787]– Möge es gesegnet sein! –
stellen sich die Fremden in Reihen auf in die Verbannung zu gehen,
einer nach dem anderen gehen sie zurück zu ihren Sippen,
Sachsen lichten den Anker jeden Tag und stechen in See.
Die frommen Waliser werden bis zum Letzten Tag siegen.
Laß sie keine Wahrsager aufsuchen, keinen eifrigen Dichter –
Es gibt in der ganzen Welt keine andere Prophezeiung für die Insel als diese.

Laßt uns beten, daß der Herr, der Himmel und Erde erschaffen hat,
daß Dewi[788] der Fürst unserer Krieger sein wird.
In harten Zeiten ist der Herr eine Festung, er ist mein Gott –
er stirbt nicht und flieht nicht und fällt nicht erschöpft nieder,
und er verblaßt nicht, scheitert nicht, gibt nicht nach und schwankt niemals.

---

777 Dyfed: Südwest-Wales
778 Thanet: Grafschaft in Kent
779 Wall: Antoniuswall
780 Firth: Firth of Forth
781 Mündungen: vermutlich die Enden des Firth of Forth und des Walles, also bis ans östliche
    und westliche Ende
782 Erechwydd: Yorkshire
783 Cymry: Waliser
784 Cynan: halbmythologischer walisischer Sagenheld
785 Cadwaladr: halbmythologischer walisischer Sagenheld
786 Insel: Großbritannien
787 Sandwich: Stadt in Kent, südöstlich von London
788 Dewi: St. David, der Schutzpatron von Wales

IV 8. b) Die Eiche des Gorowny

Diese Prophezeiung ist eine Mischung aus mythologischen Motiven und sehr allgemein gehaltenen Vorhersagen.

Gott bewahrte Noah
Vor einer sich weit ausbreitenden Flut,
ihn, der den ersten Vogel fing,
der die Flut überquerte.
Welcher Baum ist größer
als die Eiche[789] des Gorowny[790]?
Meine Reden sind es nicht –
doch die Balken von Noahs Arche.

Es gibt ein großes Geheimnis –
nur wenige Menschen kennen es
außer Gorownys Männern.
Aus dem Wald wurde er geholt, wo er wuchs:
Die Zauber von Mathonwys[791] Stab
sichern den Sieg im Krieg
an der Küste der wilden See.
Cynan[792] wird sie ergreifen,
wenn er zu Herrschern kommt.
Sie werden zurückkehren
bei Ebbe auf der Buche[793] –
die vier Haupt-Führer
und der fünfte ist nicht schwächer,
und viele starke Männer,

---

789 Eiche: Hier ist vermutlich eine Vielzahl von Bedeutungen und Assoziationen gemeint: der Weltenbaum, der Zauberstab der Druiden, der Stab des Aaron im alten Testament, Christi Kreuz, ein Krieger („Eiche des Schwertes" u.ä.) und ähnliches mehr.

790 Gorowny („Goronwy der Starke" oder „Goronwy die Eiche"): im Mabinogion der Herr von Penllyn (Bereich in Wales); er versuchte den Sonnengott Llaw Lleu Gyffes zu ermorden – er ist also der Gott der Nacht, der Wildnis, des Winters und des Todes (er entspricht dem germanischen Loki, dem ägyptischen Seth, dem griechischen Hades usw.)

791 Mathonwy = „der Gute/Glückliche" = König von Wales, eine Saga-Variante des Sonnengottes Lugh

792 Cynan: halbmythologischer walisischer Sagenheld

793 Buche: Schiff

die Britannien im Sinn haben.
Frauen werden kühn werden
und freie Männer werden gebunden;
eine Frühlingszeit des Verlangens
nach Trinken und Reiten.

Aus dem Osten werden sie kommen:
eine Witwe und eine schlanke Frau
mit eisernen Waffen;[794]
sie werden die Männer anbrüllen.
Es werden Sieger kommen
aus der Gegend von Rom.
Die Lieder werden wahr werden
und weit und breit gesungen werden –
sie werden sich wie Eichen und Brombeeren verbreiten –
Die Lieder werden wahr werden.

Ein Hund zum Schnüffeln, ein Roß zum Schnauben,
ein Stier zum Aufspießen, ein Schwein zum Wurzelsuchen,
das fünfte junge Tier, das Jesus erschuf[795]
in Adams Nachfolge ... ...[796]
Wald-Tiere sind schön anzusehen,
so wie es zuvor war und wie es sein wird.
Die feigen Waliser werden verachtet werden,
wenn sie auf fremder Erde zu Boden stürzen.

Ich mache nun einen Sprung von dem fort, was Du sehen kannst –
der glückliche Mensch ist nicht unglücklich.[797]
Die Bedrohung wird von Rhuns[798] Schlachten-Dampf kommen
zwischen Caer Rhian[799] und Caer Rhywg[800],
zwischen Dineidyn[801] und Dinaeidwg[802].

---

794 Dieser Satz sieht so aus, als ob die germanische Jenseitsgöttin Hel gemeint sei.
795 Jesus als Lamm
796 Lücke im Text
797 Dieser Vers klingt wie eine Redewendung.
798 Rhun („Großer, Mächtiger"): Rom
799 Caer Rhian: Llanrhian in Pembrokeshire
800 Caer Rhywg: unbekannter Ort
801 Dineidyn: Edinburgh
802 Dinaeidwg: unbekannter Ort; evtl. nur ein frei erfundener Reim auf „Dineidyn"

Die, die klar sehen, haben das Ende im Blick:
Es wird Rauch über einem großen Feuer geben.
Unser Herr wird unser Beschützer sein.

IV 8. c)   Die kleinere Prophezeiung über Prydein [803]

In der walisischen Überlieferungen tritt des öfteren ein „Llyminauc" („Springer")
auf, der über das Meer zu den Walisern kommt und sie befreit und erlöst. Er scheint
eine Mischung aus dem aus der Wasserunterwelt wiederkehrenden und von der Erde
wiedergeborenen Sonnengott Lugh und dem wiedergeborenen Christus zu sein. Das
„Springen" dieser mythologischen Gestalt ist wohl als ein „Herbeikommen über das
Meer" oder ein „Hervorkommen aus dem Meer", also ein „dem Meer entspringen" zu
verstehen.

Das Awen[804] sagt voraus, daß sie ohne Verzögerung kommen werden –
Wohlstand und Besitz und Frieden für uns alle,
weithin reichende Herrschaft und Anführer mit Standhaftigkeit,
und, nachdem der Krieg vorüber ist, sichere Wohnstätten überall.
Sieben Söhne sind Belis Linie[805] entsprungen –
Caswallon[806] und Lludd[807] haben einst viel Leid erschaffen,
doch der letzte, schlimmste Schlag war es, als Prydyn[808] Iago[809] verlor.
Es wird ein Land in Aufruhr sein – fernhin bis nach Blathaon[810] –
  ihre Gefährten erschöpft,
  Zügel hängen von den Sätteln,
  das Land wird von den Nachbarn geplündert.

Niemand in Cymry[811] wird mehr großzügig sein,
sie verpflichten sich feierlich, von Sklaven beherrscht zu werden.
  Dann wird der Springer kommen –
  Ein Mann, der danach strebt,
  Mon[812] zu unterwerfen,

---

803 Prydein: Britannien
804 Awen: Richtigkeit, Inspiration, Dichtkunst
805 Beli: der keltische Sonnengott Bel/Belenus und der germanische Sonnengott Beli; er ist
    der Ahnherr der Könige von Gwynedd in Wales
806 Caswallon: walisischer König
807 Lludd: walisischer König; ursprünglich der Sonnengott Lugh?
808 Prydyn: das Pikten-Land nördlich des Antoniuswalles, d.h. Schottland
809 Iago: walisischer König, Sohn des Beli
810 Blathaon: Nordspitze von Britannien
811 Cymry: Waliser
812 Mon: die Insel Angelsey

Gwynedd[813] *zu verwüsten*
von der Grenze bis zur Mitte,
vom Anfang bis zum Ende,
und der Geiseln von ihm nehmen wird.
Sein Gesicht ist entschlossen,
er beugt sich niemandem,
weder den Cymry[814] *noch den Sachsen.*

Es wird ein Mann aus seinem Versteck kommen:
Er wird viel Blut vergießen
und Vieh den Völkern geben.
Und ein anderer wird kommen,
seine Heere ziehen weit,
und er wird den Briten Freude bringen.

---

813 Gwynedd: Nordwest-Wales
814 Cymry: Waliser

IV 8. d) Ein strahlendes Fest

Ein strahlendes Fest rings um die beiden Seen,
ein See ringsum unser Heer,
Ein Heer in einer Festung, eine nie gefallene Burg,
weit und breit berühmt –
ein erstaunlicher Rückzugsort,
ein gut gebauter Schutzort mit Stein-Befestigungen.
Er hat die Eigenschaften eines Drachen –
an der Spitze der Tafel mit den Kelchen,
Tränke in goldenen Hörnern,[815]
Goldhörner in Händen, schaumbedeckte Hände –
er ist die lebengebende Bienenkönigin.[816]
Ich bitte Dich nun, siegreicher König Beli,[817]
Sohn des Königs Manogan,
unsere Rechte zu verteidigen.
Er ist der wahre Herrscher
der Honig-Insel des Beli.[818]
Fünf Unterdrücker werden kommen:[819]
Seeräuber aus Irland,
Krieg-liebende Sunder,
ein Volk des Abschaums.
Fünf andere werden kommen
aus der Normandie.[820]
Der sechste König wird von der Aussaat

---

815 goldene Trinkhörner: siehe die „Goldhörner von Gallehus"

816 Aufgrund der Honig/Met-Symbolik ist der König auch der „Geber des Mets" und somit auch die „Bienenkönigin".

817 König Beli geht auf den keltisch-indogermanischen Sonnengott Bel(-eneus) zurück. Der Sonnengott verwandelt sich des Nachts in einen Drachen – daher ist der König aufgrund seiner Krönungs-Jenseitsreise auch ein Drache. Dieser Drache ist zudem mit der Kundalini assoziiert worden, deren Erwecken die Grundlage für die Kampf-Ekstase ist.

818 Honig-Insel des Beli: Dies ist eigentlich die Jenseits-Insel, auf der der Sonnengott Beli den Toten den Honigmet gibt, der das ewige Leben verleiht (entsprechend dem Met der Germanen, dem Nektar ambrosia der Griechen, dem Haoma der Perser, dem Soma amrita der Inder usw.). Hier scheint damit jedoch Britannien gemeint zu sein.

819 Ab hier werden 13 Herrscher Britanniens aufgezählt: 5 Iren, 5 Germanen, 1 König, der nur einen Sommer lang herrscht, 1 König, der im Ausland stirbt, 1 König, der das Land nicht schützt

820 Normandie: entweder wörtlich die Normandie in Nordfrankreich oder allgemein das „Nordmänner-Land", also Skandinavien

bis zu Ernte herrschen.[821]
Der siebte wird in einem Grab
jenseits des Meeres bestattet werden.[822]
Der achte, ein Luchs, wird an Land kommen
und das Alte nicht beschützen.
Des Volkes Aufschrei
wird Eryri[823] *sich erheben lassen;*
sein Weg wird nicht einfach sein.[824]
Laßt uns Elöi[825] *bitten,*
daß er unser Herr ist
im Himmel, in unserer zukünftigen Heimat.

---

821 König von der Aussaat bis zur Ernte: das klingt zwar nach einem Sommergott/Sonnengott, aber es es ist ein normaler, weltlicher Herrscher in Britannien gemeint

822 Diese Aufzählung der letzten acht Könige, die nach den fünf irischen Königen kommen sollen, beschreibt recht gut die Folge der normannischen Könige ab Wilhelm dem Eroberer (Herrschaft ab 1066 n.Chr.).

823 Eryri: Snowdonien

824 Weg: der Weg/Kampf des Luchs-Königs

825 Elöi: Eli (aramäisch für „Gott")

IV 8. e)   Die Flagge von Mon

Möge Gott über den britischen Menschen
die freudevolle Flagge der Heere von Mon[826] erheben,
über den Schlachtlinien von Gwynedd[827], den rasch vorrückenden Streitkräften,
voll strahlenden Ruhmes, jeder Kampf bringt ihnen Geiseln!
Ihnen werden die für ihren Mut gepriesen Männer von Powys[828] zu Hilfe eilen,
stolze Männer, die über ungerechte Gesetze obsiegen werden.
Sie werden in zwei Heeren vorrücken, zusammen in Eintracht,
eins im Wollen, eins im Befehl, geordnet, vereint.
Männer von Ceredigion[829] werden ihren Teil erfüllen:
Wenn Du kühne Männer am Tal des Aeron[830] siehst,
wenn Trauer über Tywi[831] und Teifi[832] niedersinkt,
werden sie in den Krieg zu dem Hof von Lonion[833] eilen.
Kerntruppen in ihrer Wut, in ihrer großen Zahl –
keine Festung wird von ihrem Ansturm Schutz bieten:
Din Clud[834], Din Maerud[835], Din Daryfon[836],
selbst Din Rheiddon[837] – kein Ort wird sicher sein.
Wenn Cadwallon[838] über die Irische See[839] kommt und an Land geht,
wird er wieder eine Königshalle in Ardd Nefon[840] errichten.
Schon bald werde ich die Klagelieder der Sänger hören!
Wie wütend sind die Reiter-Heere in Chester[841]
und Idwals[842] Rache an seinen erbleichten Feinden –
er spielt Ballspiele mit den Köpfe der Sachsen!

---

826 Mon: die Insel Angelsey im Nordwesten von Wales

827 Gwynedd: Nordwest-Wales

828 Powys: Gegend im westlichen Zentral-Wales

829 Ceredegion: Küstenbereich in Wales

830 Aeron: Ort in Ceredegion

831 Tywi: Ort in Ceredegion

832 Teifi: Ort in Ceredegion

833 Llonion: Lanion in Südwest-Wales

834 Din Clud: Dumbarton in West-Schottland

835 Din Maerud: evtl. die Festung Lindisfarne auf der Klippeninsel vor Südost-Schottland

836 Din Daryfon: evtl. Wroxeter in Mittelengland

837 Din Rheiddon: evtl. Rockfield in Südost-Wales

838 Cadwallon: König von Gwynedd (Nordwest-Wales), 549 n.Chr. gestorben

839 Irische See: Meer zwischen Wales und Irland

840 Ardd Nefon: unbekannter Ort in Wales

841 Chester: Stadt bei Liverpool in Nordost-Wales

842 Idwal: walisischer Fürst

Möge er den Luchs[843] und seine ausländische Brut aufhalten –
von der Furt des Taradr[844] bis nach Porth Wygr[845] in Mon:
Dieser bescheidene Jüngling ist die Burg seines Volkes!
Von dem Tag an, an dem es Honig und Klee gibt,
werden Streit und Kampf vergehen.
Es ist keine traurige Sache, sich voll Zorn gegen Feinde zu erheben!
Möge Gott über den britischen Menschen
die freudevolle Flagge der Heere von Mon[846] erheben!

---

843 Luchs: vermutlich der im vorigen Lied genannte „Luchs-König"
844 Taradr: Fluß an der Ostgrenze von Wales
845 Porth Wygr: Mündung des Flusses Gwygr in Angelsey
846 Mon: die Insel Angelsey

IV 8. f)   Das Loblied über Lludd den Großen

Llud und Llefelys sind die Söhne des Beli, der der Sohn des Manogan ist. Da Beli nicht nur der Ahnherr der Fürsten von Wales ist, sondern auch auf den Sonnengott Bel/Belenus (Germanen: Beli) zurückgeht, könnten Llud und Llefelys die beiden Pferde-gestaltigen Söhne des Sonnengottes sein, die dessen Streitwagen ziehen. Dieses Motiv ist bei fast allen Indogermanen weit verbreitet – sie waren auch die Vorbilder für die Heerführer-Paare bei den West-Indogermanen. Ein Beispiel dafür sind die beiden germanischen Feldherren Hengist („Hengst") und Horsa („Horse" = „Pferd"), die als erste nach Großbritannien gekommen sind.

Die besten Lieder voller Lobpreisungen,
acht Tage lang wurden sie gehört:
Sie wurden am Montag vorgetragen –
sie sollen den Ort verwüsten.
Am Dienstag sollen sie
unseren Feinden Schmerzen bereiten.[847]
Sie werden am Mittwoch ernten –
das volle Maß des Ruhmes.
Sie werden am Donnerstag gebären –
eifrigen Applaus.
Sie werden am Freitag, dem Tag des Sieges,
durch das Blut von Männern waten.
Sie werden am Samstag ... ...
... ...[848]
Sie werden am Sonntag, das ist sehr sicher,
gekommen sein.
Fünf Schiffe und fünfhundert,
so sagen es die Sänger,
die den Völkern Aufruhr bringen,
unmöglich zu zählen.
Die Briten sind in Aufruhr,
durstig nach Gold;
Obwohl sie gut kämpfen,
werden Feinde kommen,

---

847 Bei diesen Liedern handelt es sich offenbar um Kampfzauber-Lieder – ähnlich wie das Windz-Lied des Taliesin in seiner Biographie auch ein Windzauber gewesen ist.
848 Lücke im Text

alle Gott untertan,
die Edens Fall tilgen werden.[849]

Ich verlange eine Prophezeiung,
um mich der Unterdrückung zu erwehren –
die gutbekannte Weissagung
über Cadwaladr und Cynan.[850]
Welchen Nutzen hat die Welt,
wenn das Sonnenlicht verdunkelt ist?

Des weisen Mannes Weissagung
zeigt, was hilft und was hindert.
Der Sänger deutet die Wolke,
wenn sie dem Himmel entlangzieht;
es wird einen Sturzbach
auf die Berghänge regnen.
Laut ist der Marder, satt ist der Hirsch,
die Briten warten auf den Rat.
Zu den Briten wird Blut kommen –
durch eine notwendige Schlacht;
nachdem sie Gold und Schmuck gehabt haben,
sind Angelsey und Lleyn[851] *verwüstet worden,*
es gibt keinen Schutz mehr in Eryri[852].

Ein Vollkommener weissagt:
ein Haus wird verlassen sein.
Die Cymry[853]*, die vollkommenes Walisisch sprechen,*
werden ihre Sprache ändern.
Und die gescheckte Kuh
wird Verwüstung anrichten.[854]
Am Mittag wird sie sich niederlassen,
um Mitternacht wird sie Verwüstung schaffen;

---

849 Edens Fall tilgen; das Paradies auf Erden zurückbringen
850 Cadwaladr und Cynan: zwei mythische Befreier Britanniens; sie entsprechen hier den
Sonnengott-Söhnen und Feldherren Llud und Llefelys
851 Lleyn: walisische Halbinsel in der Nähe der Insel Angelsey
852 Eryri: Snowdonia
853 Cymry: Waliser
854 Der Ursprung dieses auch von den Germanen und Balten bekannten west-indogermanischen Motivs ist die Kuh-gestaltige Muttegöttin, die ihrem Volk auch im Krieg hilft.

die Felder der Bauern werden kochen,
unsere Tempel werden niederbrennen.
Ein Klagelied wird gesungen werden
ringsum an Prydains[855] Grenzen.
Eines Willens werden wir sie zurückweisen,
die Schande, die über das Meer gekommen ist.[856]
Möge wahre Freude
in einer klagenden Welt gefunden werden!
... ...[857]
Er ging nach Dolaethwy.[858]
Die Anführer verlangen viel:
Nur die Herde hüten, keine Fohlen,
keine Jungen der Kühe –
die Welt ist nicht sicher.
Die Welt wird verwüstet werden,
Kuckucke werden sterben –
kleine Männer mit trügerischen Herzen
werden nicht gedeihen, sondern sterben.
Ein rasch vorrückender Heerführer –
kein Messer kann sich verteidigen
gegen das Schwert eines Feiglings.
Ich würde unseren Männern nicht solch ein Verlangen
nach den Heimen anderer Männer gewünscht haben
und auch nicht die Schrecken von Creuddyn[859]:
Die Cymry[860] werden gegen Angeln, Iren und Pikten kämpfen.
Die Cymry werden die Angriffe zurückschlagen.
Hölzerne Rosse[861] werden über die See ankommen:
mordende Nordland-Gesetzlose,
sie stammen von gewalttätigen See-Feinden ab,
von der gefallenen Linie des Adam.[862]
Ein Star[863] wird gesandt werden

---

855 Prydain: Britannien

856 Schande, die über das Meer gekommen ist: Angelsachsen und Wikinger

857 Lücke im Text

858 Dolathwy: evtl. die Überfahrt zwischen Wales und Angelsey

859 Creuddyn: Ort in Wales, an dem mehrere Schlachten stattgefunden haben

860 Cymry: Waliser

861 Holz-Roß: Schiff

862 gefallene Linie des Adam: Heiden (die von Kain abstammen sollen)

863 Star: Hier ist der Vogel mit dem Namen „Star" gemeint.

um eine Schar von Raben und Männern zu holen.[864]
Die träge Schar des Sleithennin[865]
geht vor vor Anker und wendet sich gegen Cristin;[866]
sie greift von der See aus an, greift von oben her an,
greift von der See aus an, Aufruhr in der Einöde,
in den Wäldern, auf den Ebenen, in den Tälern und auf den Hügeln.
Jeder Aufruhr verklingt ungeachtet – jeder König, egal wo, tut nichts.
Es wird Aufruhr geben; unter den Menschen: Verirrung und Leid allenthalben.
Rache vermischt mit der Menschen edlen Eiden.

Lange vor dem Letzten Gericht: Gott der Allmächtige, der Schöpfer, wird wütend
und hat einen bestimmten Tag festgelegt,
an dem abgerechnet werden wird –
das Ende von Irlands schönen Landen.
In Prydain[867] *wird etwas wieder aufleben:*
Ein Brite von edler römischer Abstammung.
Über mich wird wegen dieser Aufruhr-Tage gerichtet werden.

Die Weisen weissagen
von einem Land der verlorenen Seelen;
Druiden sagen vorher:
solange es Briten und das Meer gibt,
daß der Sommer ohne Sonne sein wird,
daß Fürsten schwach sein werden
und ein schwaches Volk in die Irre leiten werden;
von jenseits der Meeres ... ...[868]
über tausend Briten wird gerichtet werden.
Laß mich aus dem Sumpf errettet werden,
aus der Nähe von dort, wo die Schmiede-Esse glüht,[869]
von denen, die in der Tiefe der Hölle sind,
wo der zitternde Kain brennt –
wegen des Herrn, in Ewigkeit.

---

864 Vögel als Boten kommen in den walisischen und germanischen Mythen des öfteren vor –
z.B. die Stare der Branwen und die Raben des Odin
865 Sleithennin: in den Mythen ein unzuverlässiger Torwächter
866 Cristin: unbekannter Ort oder Fürst
867 Prydain: Britannien
868 Lücke im Text
869 Diese Zeile ist vermutlich eine Umschreibung für „Hölle".

IV 8. g)   Wahrlich, er ist schon auf seinem Weg

Wahrlich, er ist schon auf seinem Weg, der römische Verwandte –
selten gibt es einen solchen unter den Menschen, einzigartig in seiner Art.
Vor ihm wird ein großer Kriegsschrei zu hören sein
von einer Kriegerschar und Blut wird über seine Feinde fließen
und das Erklingen von Hörnern und Aufruhr unter den Menschen.
Sie stechen zu, sie greifen im Kampf mit Schwertern an –
die Raben und die Adler verlangen nach Blut.[870]
Sein Weg ist Pfad eines Bären, eine unbesiegbare Macht –
Cadwaladr der Ruhmreiche, der Strahlende, der Prächtige,
Beschützer der Krieger weit und breit!

Wahrlich – es ist schon auf seinem Weg, von jenseits der Wasser –
das, was von Anfang an in den Prophezeiungen versprochen worden ist:
Jahre des Triumphes und der Fülle, all die Ordnung des Königtums.
Ein Winter-Vorhaben: Er wird seine Schiffe durch rauhe Wasser lenken –
ein wahrer Held für Gefangene, großzügig wie die Sintflut.[871]
Zu der Zeit der höchsten Flut, auf dem Kamm der Wogen,
wird er schwanengleiche Rosse von den Decks seiner Schiffe herabführen.
Bären und Löwen[872], fähig zu der Tat, kommen aus ihren strahlenden Festungen –
ihr kühnes Gefolge wird ihn[873] mit blutigen Speeren stechen.
Doch Leid wird sie aufsuchen, eine Warnung gegen Verrat –
sie werden all seine große Wut und all seine großen Heere vor sich sehen.
Obwohl diese wilden Keiler[874] fallen werden, werden sie durch die Schildwälle[875]
        brechen.
In der Schlacht gehört Cadwaladr[876] aller Glanz und aller strahlender Ruhm.
Möge sich ein Drache[877] in den Ländern des Südens erheben
und sich mit diesem jungen Mann[878] vereinen, wenn der Morgen am Donnerstag tagt.

---

870 Raben und Adler: Aasvögel
871 Ein etwas ungewöhnlicher Vergleich: Cadwaladr ist so großzügig, d.h. er gibt so viel, wie
   die Sintflut im Vergleich zum ruhigen Meer „viel" ist.
872 Bären und Löwen: Krieger
873 ihn: offenbar der Anführer der Unterdrücker
874 Keiler: Krieger (ein weit verbreitetes keltisch-germanisches Motiv)
875 Schildwall: Gruppen-Taktik, bei der Krieger einen Kreis bilden, dicht an dicht stehen und
   ihre Schilde so vor sich halten, daß ein geschlossener Schutzkreis entsteht
876 Cadwaladr: halbmythologischer walisischer Sagenheld
877 Drache: Anführer, König
878 junger Mann: der ersehnte Befreier

Wahrlich – er ist schon auf seinem Weg, großzügig und mutig,
und laut wird sein großer Ruhm gepriesen werden;
seine Heere sind überall, seine Herrschaft erstreckt sich weit und breit,
bis sieben Völker und Gwynedds[879] Herrscher leben.
Und bis er stirbt, wird aller Aufruhr beendet sein –
dieser freundliche König aller Völker, die in Eintracht leben werden,
diese Geißel der Angeln[880], die aus ihren geraubten Ländern forteilen –
über die See werden ihre Nachkommen in ihre Heimat schleichen.

Wahrlich – er ist schon auf seinem Weg, der wahre Erbe von Mon[881],
bekannt, ein Drache, ein Befreier der Briten,
Anführer von Heeren, Herr von Kriegern in ihren Brünnen.[882]
Die weisen Männer unter den Zauberern[883] verkünden diese Weissagung:
Sie werden ihre Zelte am Tren und am Tarannon errichten,[884]
fest in ihrem Verlangen, Mon[885] zu erobern
bis in einer langen Fahrt von Irland aus
der strahlende, berühmte Retter aus Caesars Volk naht.[886]

Die Omen künden die Schrecken des Kampfes an.
Ich weiß, was der Grund für die Schlacht von Winwaed[887] gewesen ist.
Der Bär von Deheubarth[888] fordert Gwynedd[889] heraus,
streitet um den Ruhm, um Fülle an Schätzen,
Trankopfer der Ehre und die freigebige Verteilung
von Jul-Geschenken[890] in ihren sich weithin erstreckenden Ländern.
Mögen sie ihre Schilde ergreifen, wenn die Schwerter erklingen,

---

879 Gwynedd: Teil von Wales
880 Angeln: der eine der beiden Stämme der Angelsachsen
881 Mon: die Insel Angelsey, die der nördlichste Teil von Wales ist
882 Brünne: Brustpanzer
883 Zauberer: Druiden
884 Tren und Tarannon: zwei Flüsse in Wales
885 Mon: die Insel Angelsey, die der nördlichste Teil von Wales ist
886 Caesars Volk: Die Waliser und die Briten sahen sich auch als die Nachkommen der Römer an, die 600 Jahre zuvor Britannien erobert hatten.
887 Schlacht von Winwaed: eine Schlacht zwischen Angelsachsen und einem Heer aus Northumbrien am 15. November 655 n.Chr.
888 Deheubarth: Südwest-Wales; dessen Bär: der König von Südwest-Wales
889 Gwynedd: Nordwest-Wales
890 Jul: Mittwinter (heute aufgeteilt in Wintersonnenwende, Weihnachten und Silvester); Jul-Geschenke: bei den Germanen gab man sich gegenseitig zu Jul reiche Geschenke, mit denen man die Wiedergeburt des Sonnengott-Göttervaters Tyr feierte

für Cadwaladrs Ziele[891] – rings um Gwynedds Herrn.[892]

Wahrlich – er ist schon auf seinem Weg, die Zukunft ist gewiß –
ganz England ist in Aufruhr, ihre Schätze gehören uns,
wenn sie sehen, wie ihr ganzes blasses, sommersprossiges Volk davonrennt
zwischen den fliegenden Pfeilen und glänzenden eisernen Waffen.
Sie werden aufs Meer hinaus gezwungen, Speere jagen sie fort,
sie werden auf der See geschaukelt, über die wilden Wogen –
das Salz und die fernen Inseln werden ihr Rückzugsort sein.

Wahrlich – er ist schon auf seinem Weg, von jenseits des Severn –[893]
Britanniens vorbestimmter Herr, der mächtige König,
ein mächtiger Kriegsherr über viele Fürstenhäuser,
würdig zu herrschen und nie durch Feindschaft eingeschüchtert.
Die Völker in aller Welt werden glücklich sein.
Eine Familie guter Männer werden die Herrschaft haben;
Hiriells Flamme[894] wird über dem Severn emporlodern!
Die Cymry[895] werden sich ohne Furcht zum Krieg versammeln –
Möge Freude Cadwaladrs Kampf begleiten,
die lauten Rufe der Sänger, ein ruhmreicher Streit!

Wahrlich – er ist schon auf seinem Weg –
sein Heer, seine Flotte,
sein Zurückstoßen der Schilde,
sein Krachen der Speere.
Nach einem harten Kampf
wird sein Wille getan werden.
Laß ihn durch ganz Britannien ziehen!
Möge sein Ruhm im Kampf aufflammen,
Ein Drache[896], der sich niemals verbirgt,
was auch immer ihm geschehen mag.
Es ist kein leichtes Ziel,
Dyfed[897] zu verteidigen!

---

891 Cadwaladr: halbmythologischer walisischer Sagenheld
892 Gwynedd: Nordwest-Wales
893 Severn: Fluß in Wales
894 Hiriell: walisischer Held; seine Flamme: sein Schwert
895 Cymry: Waliser
896 Drache: König, Anführer, „Sohn des Sonnengottes"
897 Dyfed: Südwest-Wales

Er wird Tribute einziehen
von jenseits des Firth von Rheged,[898]
und dieser Herr von großer Beute
wird der Meister in Elfed[899] *sein –*
großzügig, scharf planend,
machtvoll im Streit.
Ich werde Lobpreisungen an den Himmel senden:
Cadwaladr[900] *der Schlachten-begierige!*

---

898 Firth von Rheged: Solvey Firth, Bucht im Südwesten von Schottland
899 Elfed: Königreich von Elmet, das im Nordosten an Wales angrenzt
900 Cadwaladr und Cynan: zwei mythische Bfreier Britanniens; sie entsprechen den
    Sonnengott-Söhnen und Feldherren Llud und Llefelys

IV 8. h)   Das kurze Lied über Lludd und Llefelys

Die Übersetzung dieses Liedes ist an vielen Stellen unsicher, was zu einigen schwer verständlichen Zeilen geführt hat.

Im Namen der Dreieinigkeit: Gottes Barmherzigkeit ist voller Geschick:
ein volkreicher Stamm bringt Gewalt und Schrecken,
wird Prydain[901] erobern, die berühmteste aller Inseln.
Männer aus dem Land Asien und aus dem Land Cafis[902] –
Völker mit gottlosen Absichten aus einem unbekannten Land.

Völker mit bereiten Lanzen; Meer-Reiter,[903]
die lange Rüstungen tragen – wer ist wie sie?
Ihre Absichten sind gesetzlos, ihre Taten sind feindlich:
Europäer, Araber, Sarazenen.[904]
Christus hat wahrlich die Gebundenen und die Verachteten erlöst –
vor Llud und Llefelys Gespräch.[905]
Albions[906] Herr wird erschüttert werden
durch einen römischen Anführer – gewaltig ist sein Schrecken!
Er ist kein dreister, kein gerissener König mit gewandten Worten –
und er sieht diese Fremden so wie ich sie sehe.
Feuer aus Erlenholz werden entfacht werden, zu Füßen eines stämmigen Anführers,[907]
sie zeigen den Weg – sie werden brüllend brennen.
Möge ich den lieben Sohn[908] verdienen, mit flüssiger Rede![909]
Die Cymry[910], die mit ihren Zähnen knirschen, führen einen Krieg gegen Sklaven.[911]

---

901 Prydain: Großbritannien
902 Cafis: unbekanntes Land oder Ort, vermutlich in Asien oder Afrika
903 Meer-Reiter: Seefahrer (Meer-Roß = Schiff)
904 Sarazenen: muslimische Araber – dieser Text stammt aus der Zeit nach den ersten
   Kreuzzügen
905 Llud und Llefelys: Söhne des Sonnengott-Göttervaters Beli, der auch der Ahnherr der
   walisischen Könige ist; Befreier von Wales; ihr Gespräch ist vermutlich ihr „Waffen-
   Gespräch", d.h. der Kampf mit den Feinden
906 Albion (keltisch für „Land"): Großbritannien, England
907 Die Übersetzung und die Deutung dieser Zeile und auch der vorhergehenden sind unsicher; „Feuer aus Erlenholz" ist manchmal eine Umschreibung für „Höllenfeuer"
908 lieber Sohn: Christus
909 flüssige Rede: vermutlich die geschickte Dichtung des Barden
910 Cymry: Waliser
911 Sklaven: verächtlich für „Feinde"

Ich sorge mich darüber, ich wundere mich darüber, was ihr Weg sein wird:
Die Briten in Wessex haben sich erhoben ... ...[912]

---

912 Lücke im Text

IV 8. i)   Die Prophezeiung über Cadwaladr

Diese Prophezeiung ist nur sehr bruchstückhaft überliefert worden und läßt sich daher auch nur unvollständig übersetzen.

Ein Reiter, der rasch bei der Musterung ist,
kühn auf beiden Flanken,
der Furcht verbreitet, niederträchtiges Volk niederschlägt,
Er weilt in Eryri[913].
Wenn Cadwaladr[914] kommt, wird er
seine Hauptstadt in den britischen Gefilden errichten.
... ...[915]
Aber ich, ich werde frohlocken!
Dann werden die Sachsen kommen, ihren Anteil an der Speise verlangen,
den Männer-Anteil, der den Helden mit ihren Schätzen gebührt;
eine Frau wird in dem Joch ihres Sklaven sein,
ein uralter Feind ... ...[916]
der Anteil der Männer ... ...[917]
Hast Du meinen Verwandten und meinen Bruder gesehen?
Ich sah eine schlanke Leiche, Raben fraßen an ihrem Fleisch,
und eine andere, blutüberströmt von einem letzten Schwerthieb,
und an den Ufern ... ...[918]

---

913 Eryri: Snowdonia, das Gebirge in Nordwest-Wales
914 Cadwaladr und Cynan: zwei mythische Befreier Britanniens; sie entsprechen den
     Sonnengott-Söhnen und Feldherren Llud und Llefelys
915 unverständliche Zeile
916 teilweise unverständliche Zeile
917 teilweise unverständliche Zeile
918 teilweise unverständliche Zeile

IV 9.   Die philosophischen Lieder

In diesem Abschnitt finden sich Lieder, in denen sich keltische, germanische und christliche Ansichten vermischen und in denen man oft kaum noch erkennen kann, welche Ansicht woher stammt. Viele Motive haben ihre Wurzeln auch in mehr als einer dieser Kulturen.

Um die Inhalte dieser Lieder anzupreisen, sind sie oft bekannten Gestalten aus der Mythologie und der Sage wie hier dem Taliesin zugeschrieben worden.

IV 9. a)   Die guten Dinge

Dieses Lied stammt seinem Stil zufolge ungefähr von 1200 n.Chr.

Das Adjektiv, mit dem jede Zeile beginnt, hat offenbar eine allgemeine Bedeutung und bezeichnet etwas, was richtig, angenehm, süß, gut, erfreulich, wünschenswert usw. ist. Dieses Adjektiv läßt sich im Deutschen am ehesten mit „gut" wiedergeben, wobei bei „gut" leider der Aspekt der Richtigkeit und der Freude über diese Richtigkeit nicht sehr ausgeprägt ist. Wenn man dieses Wort aus keltischer Sicht beschreiben wollte, müßte man es in etwa mit „von Awen erfüllt" übersetzen.

Gut ist meine Tugend, wenn ich Sünde bereue;
gut ist auch Gott, der meine Erlösung ist.

Gut ist ein Fest, das nicht von Sorgen verdorben wird;
gut ist auch ein Fest rund um die Trinkhörner.

Gut ist Nudd[919], der Herr, der kühn wie ein Wolf ist;
gut ist auch ein großzügiger, berühmter Mann.

Gut sind die Beeren in der Erntezeit;
gut ist auch der Weizen auf den Halmen.

Gut ist die Sonne zwischen den Wolken am Himmel;
gut ist auch das Licht auf der Stirn des Abends.

---

919 Nudd: schottischer König, ein Verbündeter des Urien

Gut ist das dicht-mähnige Roß in der Herde;
gut ist auch das Gewebe eines Spinnennetzes.

Gut ist Verlangen und eine silberne Kette;
gut ist auch für die Maid ein Ring.

Gut sind Fischadler an der Küste bei hoher Flut;
gut ist es auch, die Seemöwen zu beobachten.

Gut ist ein Roß und ein goldbemalter Schild;
gut ist auch der Mann, der in die Bresche springt.

Gut ist Doktor Amboß[920] für viele;
gut ist auch ein geschickter, großzügiger Musiker.

Gut ist für den Kuckuck und die Nachtigall der Mai;[921]
gut ist es auch, wenn sich das Wetter bessert.

Gut ist es, bei einer rechten Hochzeit dabei zu sein;
gut ist auch die Spende für die Lieder eines Sängers.[922]

Gut ist die Absicht, bei einem Priester zu beichten;
gut ist auch die Gruppe, die sich um einen Krieger drängt.

Gut ist der Geistliche in der Kirche, wenn er wirklich glaubt;
gut ist auch der Anführer, der in seiner Halle gekrönt wird.

Gut sind auch Gottes Gefolgsleute, wenn sie andere anführen;
gut war auch die Zeit im Paradies.

Gut ist der Mond, der auf die Welt scheint;
gut ist es auch, die Rechtschaffenen zu begegnen.

Gut ist auch der Sommer, der lange Tag;
gut ist es auch, die zu besuchen, die ich liebe.

---

920 Bezieht sich das auf Schmiedearbeiten, durch die vieles repariert („geheilt") wird?
921 Der Mai (und der Juni) ist der Monat, in dem diese Vögel singen.
922 Der Dichter dieses Liedes denkt durchaus auch an sich selber.

Gut sind auch die Blüten der Früchte hoch oben im Baum;
gut ist es auch, sich mit dem Schöpfer zu versöhnen.

Gut ist in der Wildnis ein Reh oder Kitz;
gut ist auch ein schlankes Roß mit Schaum vorm Maul.

Gut ist der Garten, wenn die Kräuter gedeihen;
gut ist auch das Feld, wenn der Senf sprießt.

Gut ist das Pferd mit dem ledernen Zaumzeug;
gut ist es auch, bei dem König zu sein.

Gut ist der Mann, der nicht vor Gefahren zurückschreckt;
gut ist auch Walisisch, wenn es richtig gesprochen wird.

Gut ist die Heide, wenn sie purpurn blüht;
gut ist auch die Marsch am Meer für das Vieh.

Gut ist ein Kalb zur Zeit des Stillens;
gut ist es auch, ein Roß zu reiten, das Schaum schnaubt.

Und ich habe ein gutes Ding, daß fern davon ist, schlecht zu sein:
guter Met, ein Lohn aus dem Horn bei einem Fest.

Gut sind auch die Fische in dem glitzernden See;
gut ist auch das Spiel des Wassers mit Licht und Dunkelheit.

Gut ist das Wort, daß die Dreieinigkeit spricht;
gut ist auch die von Herzen gefühlte Reue für die Sünden.

Am besten von allen Dinge, die ich aufzählen kann, ist es,
sich mit Gott am Tag des Letzten Gerichts zu vereinen.

IV 9. b)   Das große Lied über die Welt

In diesem Lied wird das christlich-abendländische Weltbild um ca. 650 n.Chr. beschrieben.

Ich preise meinen Vater,
meinen Gott, meinen Ernährer,
der, um mich zu formen,
in meinen Schädel eine Seele legte.
Glücklich machte er für mich
meine sieben Elemente:
aus Erde und aus Feuer
und Wasser und Luft,
aus Blüten und Wolken
und Wind aus dem Süden.[923]

Zweitens schuf mein Vater
für mich die Sinne:
durch den ersten atme ich aus,
durch den zweiten atme ich ein,
durch den dritten habe ich eine Stimme,
durch den vierten schmecke ich,
durch den fünften sehe ich,
durch den sechsten höre ich,
durch den siebten rieche ich
und folge einer Spur.

Sieben ist die Zahl der Himmel[924]
über dem Sterngucker;
dreifach ist die Teilung der Meere —[925]
für immer ruhelos sind sie.
Welch ein großes Wunder —
die Welt ist in ständigem Wandel.

---

923 Die letzten drei dieser „sieben Elemente" klingen ein wenig poetisch und erinnern an die Schöpfung der Erdgöttin Blodeuwedd im Mabinogion u.a. aus Blüten.
924 die sieben Kristallsphären, auf denen sich der damaligen Vorstellung zufolge die Planeten bewegen und die Sphärenharmonien entstehen lassen
925 kalt, mittel und warm

Gott in der Höhe erschuf
die freudevollen Planeten:
er erschuf die Sonne,
er erschuf den Mond,
er erschuf den Mars
und den Merkur,
er erschuf die Morgen-Venus,
er erschuf die Abend-Venus,[926]
er erschuf den Jupiter
und als siebten den Saturn.

Der gute Gott erschuf
die fünf Gürtel der Erde –
wie lange werden sie bestehen?
Der erste ist gefroren[927]
und ebenso der zweite;[928]
der dritte hat eine solche Hitze,
daß sich die Menschen schwach fühlen;[929]
der vierte ist das Paradies,
das alle Menschen willkommen heißt;[930]
der fünfte ist kühl
und nährt die Welt.[931]

Die Erde ist dreifach geteilt –
aber auf eine andere Weise:
Das erste ist Asien,
das zweite ist Afrika,
das dritte ist Europa,
wo die Christenheit
bis zum Jüngsten Gericht lebt,
wenn ER[932] *alle richten wird.*
ER gab mir mein Awen,[933]

---

926 Die Venus als Abendstern und Morgenstern wird hier zweimal aufgeführt.
927 Arktis
928 vermutlich Skandinavien
929 Sahara, Afrika
930 Jenseitsinsel im Westen
931 Europa, Asien
932 ER: Gott
933 Awen: Richtigkeit, Dichtkunst, Inspiration

damit ich meinen König preise.
Ich bin Taliesin,
in meinen Worten fließt Weisheit –
ich werde Elfin[934] preisen
bis an das Ende der Zeit.

---

934 Elfin: Taliesins erster Gönner

IV 9. c) Das kleine Lied über die Welt

In diesem Lied wird eine einzelne Frage entsprechen der Weltanschauung um 600 n.Chr. im christlichen Abendland gestellt und auch beantwortet.

Ich habe mit Geschick gesungen und ich werde weiterhin singen
bis der größte aller Tage dämmern wird:
Viele Dinge sind in meinem Geist,
über die ich mich wundere.
Ich fordere die Dichter der weiten Welt heraus:
Warum wollt ihr mir nicht sagen,
was die Welt sicher hält,
sodaß sie nicht in die Leere fällt?
Oder wenn die Welt fallen würde,
worauf sie dann stürzen würde?
Wer hält sie an ihrem Platz?
Was für ein vergängliches Ding: eine Welt,
die in die Leere hinein fällt![935]
Und dennoch, um die Wahrheit zu sagen,
welch ein Wunder ist eine Welt,
die niemals auf diese Weise fällt!
Was für ein einmaliges Ding
und wie groß ist sein Strahlen!
St. Johannes und St. Matthäus,
St. Lukas und St. Markus –[936]
sie halten die Welt
durch die Gnade des Geistes.

---

935 Das ist eine erstaunlich zutreffende Beschreibung: die Erde mitten in der Leere des Weltalls … Sind die Druiden und andere Suchende durch Traumreisen und Visionen zu diesem Bild gelangt?

936 Die vier Evangelisten sind hier von „Himmelsträgern" zu „Erdträgern" umgedeutet worden. Die vier Himmelsträger erscheinen als vier Säulen in den vier Himmelsrichtungen bei den Griechen, als vier Zwerge bei den Germanen, als vier Horus-Söhne bzw. die vier Löwenpaare bei den Ägyptern usw. Die vier Evangelisten sind zudem den wichtigsten mythologischen Tieren sowie den vier Elementen zugeordnet worden: Markus – Engel – Luft; Matthäus – Löwe – Feuer; Lukas – Stier – Erde; Johannes – Adler – Wasser.

IV 10.   Die antik-historischen Lieder

In diesem Kapitel finden sich die Lieder, die vor allem über die Geschichte der Antike berichten.

IV 10. a)   Das erste Lied über Alexander den Großen

Von diesem Lied fehlt leider der erste Teil, da einige Blätter des Textes „Buch des Taliesin" verloren gegangen sind.

... ...
... ...
... ...
Er[937] zog in der ganzen Welt umher,
Eroberer und Hochkönig von zwölf sich weithin erstreckenden Reichen,
der allergroßzügigste, der allerberühmteste, der jemals geboren wurde,
ein grausamer Schlächter – Wehe seinen Feinden!
Dreimal hat er in der Schlacht Darius[938] besiegt
und ließ in seinem Land nicht den kleinsten Busch stehen.
Darius floh wie mit Flügeln weit fort,
doch Alexander fand ihn in seiner Wut.
Wehe dem Gefangenen in seinen goldenen Ketten!
Er[939] blieb nicht lange dort; der Tod kam zu ihm
mit einem klagenden Schrei als das Heer angriff.
Niemand vor ihm hatte sie aufgebrochen,
der Welt Schatzkammer an Schönheit und Pracht.[940]
Der freigiebige Alexander zog weiter
um Syrs Land[941] und Siryoel[942] und das Land von Syrien zu erobern

---

937 er: Alexander der Große
938 Darius: Dareios III, König von Persien
939 er: Darius
940 Schatzkammer: Persien
941 Syrs Land: vermutlich Syrien
942 Siryoel: vermutlich ebenfalls Syrien (solche „Wortspiele" finden sich des öfteren in alten geographisch-poetischen Schriften)

und das Land von Dinifdra^{943}, das Land von Dinitra^{944},
Persien und Mersien^{945} und das Land von Kanaan,
auch die Inseln von Pleth^{946} und Pletheppa^{947},
das Volk von Babylon, das Volk von Asien,
das Land von Galldarus^{948}, das arm an Gütern war.
Dann gelangte er schließlich in ein Land – die Gegend,
wo sie Freude an unnatürlichen Jagden haben –
wo Frauen Geiseln aus Europa demütigen
und Länder in der Erde wildesten Gegenden verwüsten.^{949}
Alexanders kühne Krieger vergewaltigten diese Frauen,
die mit der abgebrannten Brust^{950}, die nichts von Anstand wissen.
Und über die Schlachten mit Porus^{951} wird gesagt,
daß sie die Raben herbeilockten, weil sie solch ein Gemetzel anrichteten.^{952}
Und es wird über die macedonischen Krieger^{953} gesagt,
daß es Deiner Diener Land gewesen ist, das zu ihrem Untergang geführt hat.^{954}
Für Deine Feinde gibt es keine Rast von ihrer Erschöpfung,
von dem Griff der Fesseln und dem scharfen Schmerz, den sie verursachen.
Hunderttausend verdarben an Durst
in ihren schlecht-passenden Helmen – und auch ihre Tragetiere.
Seine Diener vergifteten ihn, bevor er sich ausruhen konnte –^{955}

---

943 Dinifdra: eine Variante von „Dinitra"

944 Dinitra: evtl. ein Ort in Griechenland – es gab eine griechische Göttin mit diesem Namen

945 Mersien: evtl. die türkische Stadt Mersin an der Mittelmeerküste; evtl. aber auch ein Wortspiel auf „Persien"

946 Pleth: vermutlich die Philister im Nahen Osten

947 Pletheppa: evtl. ein Wortspiel auf „Pleth"

948 Galldarus: Hat der Name einen Bezug zu „Gallier" (Kelten)?

949 Dieser Satz (vier Zeilen) bezieht sich auf die Amazonen: Für Frauen galt das Jagen und Kriegführen in der christlichen Kutlur als unangemessen – bei den Kelten und Germanen war beides jedoch zwar nicht weit verbreitet, aber durchaus normal.

950 Die Amazonen haben sich der Sage nach die rechte Burst abgebrannt, weil sie beim Bogenschießen störte.

951 Porus: indischer König

952 Die Raben fressen die Leichen der Krieger.

953 Alexander ist ursprünglich der König von Macedonien nördlich von Griechenland gewesen.

954 Hier wird gesagt, daß es die Eroberung des Landes der Juden („Deine Diener") gewesen ist, die Gott (der in dem Satz nur als „Dein" erscheint) dazu bewegt hat, Alexander Unheil zu senden. Möglicherweise ist mit dieser Rache Gottes die Krankheit gemeint, an der Alexander im Alter von 33 Jahren gestorben ist.

955 Nach einer Theorie ist Alexander der Große an einem Giftanschlag gestorben.

wenn dies früher geschehen wäre, wäre es besser gewesen.
Nun zu ihm, der prachtvoll das Reich des Ruhmes beherrscht,
des Herrn liebliches Land, der Beste in Eintracht,
möge ich Buße tun und Zuflucht bei Dir finden!
Und alle die mich hören: Möge mein Besitz euch gehören,
mögen sie Gottes Willen tun, bevor die Erde euch bedeckt!

IV 10. b) Das zweite Lied über Alexander den Großen

In diesem Lied werden die Erlebnisse von Alexander dem Großen nach dessen Tod beschrieben, die der Jenseitsreise und den Visionen eines Schamanen oder eines Religionsgründers gleichen.

Ich wundere mich darüber,
daß des Himmels Wohnstätte nicht herabstürzt
bei dem Tod des Anführers –
Alexander der Große.[956]
Alexander von Macedonien
säte eisernen Regen.[957]
Er, dessen Schwertspiel stark war,
stieg hinab unter das Meer;
unter dem Meer
suchte er nach Weisheit –
wer immer Weisheit sucht,
muß einen kühnen Geist besitzen.
Er ritt auf dem Wind
zwischen zwei Greifen[958]
um zu erblicken, was sie sahen.
Er hatte eine Vision:
die Welt als Ganzes.
Er sah ein Wunder:
Fisch, der Fisch fraß –
Das, wonach es ihn verlangte,
erhielt er von der Welt;
und als er starb,
erhielt er Gnade von Gott.

---

956 In diesem Satz wird der Tod von Alexander als solch etwas Großes angesehen, daß mit
   ihm eigentlich die Welt enden sollte.
957 eiserner Regen: eiserne Speer- und Pfeilspitzen = Krieg
958 Greif: Löwe mit Adlerkopf und Adlerflügeln und manchmal auch mit Adler-Vorderfüßen

IV 10. c)   Das Klagelied über Herkules

Die Erde erbebte,
es wurde Nacht mitten am Tag
als der berühmte Erculf,[959]
Herr der Christenheit, starb.[960]
Erculf, der sagte,
daß er den Tod verachte.
In den Festhallen zerbrachen
die Schilde über seinem Haupt –[961]
Erculf, der so viel stemmen konnte:
einen ganzen goldenen Mond![962]
Vier rote und goldene Säulen,
alle von desselben Höhe –
die Säulen des Erculf –[963]
kein Feigling hätte sie errichten können,
kein Feigling würde es wagen –
die Hitze der Sonne würde dies verbieten.[964]
Kein Mann unter dem Himmel
ist so weit gereist.
Erculf – ein Wall,
der nicht im Sand begraben liegt.
Möge die Dreieinigkeit
ihm Gnade beim Jüngsten Gericht gewähren –
Gottes Einheit, der es an nichts mangelt.

---

959 Erculf: Hercules; „Erculf" klingt wie ein germanischer Name – er hätte dann die Bedeutung „Heer-Wolf", d.h. „Heer-Krieger", was ja gut zu dem kriegerischen Herkules passen würde.

960 Herkules als „Herrn der Christenheit" zu bezeichnen, ist ein ausgesprochen freier Umgang mit den historischen Gegebenheiten ...

961 In den damaligen Hallen hingen wie später in den mittelalterlichen Burgen die Schilde der Männer, die in der Halle waren, an den Wänden.

962 In dem Motiv des „goldenen Mondes" scheint die Erde, die von Atlas getragen wurde, mit den goldenen Äpfeln der Hesperiden kombiniert worden zu sein.

963 Zwei dieser Säulen standen im Westen in Gibraltar, die anderen beiden im Osten – sie waren das Morgen- und Abendtor der Sonne. Dieses Motiv ist in ähnlicher Form auch schon aus Ägypten bekannt.

964 Diese Säulen sind golden und heiß wie die Sonne bzw. der Sonnengott, der hier am Abend nach Westen zu der Jenseitsinsel Atlantis geht, um dann morgens von Osten her neugeboren wiederzukehren. Aus derselben „Sonnen-Logik" heraus ist auch die Jenseitsbrücke der Germanen mit Gold bedeckt.

IV 11.   Die christlichen Lieder

In diesem Kapitel finden sich die Lieder aus dem „Buch des Taliesin", die einen hauptsächlich christlich geprägten Inhalt haben.

IV 11. a)   Herr des Himmels

Herr des Himmels, lasse mein Gebet zu Dir gelangen;
möge mein Gebet mich von dem Zorn erlösen!
rex gloriae[965], bitte auf passende Weise für mich:
dominus fortis[966] – hast Du des dominus[967] tiefe Weissagungen gesehen?
Er befreite hic nemo inper progenio[968] die Beute der Hölle[969],
er, dominus uirtutum[970], versammelte unter seiner Krone die Versklavten.[971]
Und bevor ich ... ...[972] war.
Ich werde wie eine Eiche[973] für den erlösenden Gott[974] sein.
Und bevor ich zu meinem blutigen Ende komme,
und bevor mein Mund zu einer schäumenden Wunde wird,
und bevor ich die Bretter meines Sarges berühren muß:
Möge meine Seele seine heilsame Speise[975] empfangen!
Buchstaben in Büchern sagen mir wenig
über den tiefen Schmerz nach dem Sterbebett.
An die, die mein lyrisches Lied hören:
Mögen sie das Reich des Himmels erlangen – die beste Heimat!

---

965 rex gloriae (lateinisch: „König des Ruhmes"): Christus
966 dominus fortis (lateinisch: „starker Herr"): Christus
967 dominus (lateinisch: „Herr"): Gott Vater
968 hic nemo inper porgenio (lateinisch: „dieser Sproß Adams, dem niemand gleichkommt"): Christus
969 Beute der Hölle: die nach ihrem Tod Verdammten
970 dominus uirtutum (lateinisch: „Herr der Tugenden"): Christus
971 die Versklavten: die in die Hölle Verbannten
972 Lücke im Text
973 Eiche: Standhaftigkeit – gibt es hier eine Assoziation zum Weltenbaum?
974 erlösender Gott: Christus
975 heilsame Speise: Brot und Wein beim Abendmahl

IV 11. b) Alexanders Brustplatte

Mit „Brustplatte" ist eine Brünne, d.h. ein Brustpanzer gemeint. In der damaligen Tradition wurde eine Anrufung der Dreifaltigkeit zum Schutz des Betenden „Brustplatte" genannt.

Alexander könnte der Dichter dieses Liedes gewesen sein, da in dem Lied selber kein Alexander vorkommt. Es wäre auch denkbar, daß dieser Titel von den beiden Liedern über Alexander den Großen „abgefärbt" hat, neben denen dies Lied im „Buch des Taliesin" steht.

Seit seiner[976] *Geburt ist auf der Erde Antlitz nicht seinesgleichen gesehen worden:*
ein gnädiger Sohn in der großen Dreieinigkeit der göttlichen Wesen,
Sohn Gottes, Sohn der Menschen, wunderbarer einziger Sohn,
Gottes Sohn, meine Burg, der Kleine der süßen Maria, das enthüllte gnädige Kind,
groß an Glanz, der große Herrgott, Heimat des Ruhmes.
Aus Adams Samen und dem des Abraham stammt unsere Geburt, die der Völker der Erde,
doch er ist aus Gottes eigenem Samen geboren worden – damit ist die Weissagung
          erfüllt worden.
Mit einem einzigen Wort heilt er die Tauben und die Blinden von allem Leid,
das elende Volk, das in Finsternis lebt.
Mögen wir dorthin aufsteigen, wo die Dreieinigkeit wohnt – dann ist das Erlösungs-
          werk vollbracht.
Christi strahlendes Kreuz: eine strahlende Rüstung gegen jedes Leid,
gegen alle wütenden Feinde – wie furchtbar sie auch seien – ist er eine sichere Burg.

---

976 seiner: Christus

IV 11. c) Gebet an die Dreieinigkeit

Ich spreche mein Gebet an die Dreifaltigkeit,
Herr, laß mich Dein Lobpreis singen!
Das Gebrüll der Welt bringt uns Gefahr;
unsere Taten und unsere Gesetze bringen große Sorgen
zu der Familie der Heiligen – zu der himmlischen Schar.
Des Himmels rex[977] – mache mich beredt in Deiner Lobpreisung
bevor meine Seele und mein Fleisch getrennt werden;
Gib mir das pater[978] für meine Sünden!
Möge ich mein Gebet zu Deinem Ruhm sprechen!
Ich erbitte, ich ersehne, o Völker dieser Welt,
die neun himmlischen Ordnungen mit ihren wachsamen Heeren
und die zehnte, mit seinen sieben heiligen Heiligen.[979]
Ruhmreich werden die Völker sein,
eine gesegnet Schar, die gedeihen wird.
Gott wird viele Elende sehen:
im Himmel, auf der Erde, am Ende von allem,
geplagt, verloren und in Leid,
voller Schmerzen in Seele und Leib,
fern von der Gegenwart Gottes.
Ich bitte Dich, König des Friedens,[980]
gewähre meiner Seele das ewige Leben,
weise mich nicht am Himmelsreich zurück!

---

977 rex (lateinisch: „König") des Himmels: Gott Vater
978 pater (lateinisch: „Vater"): das Vaterunser
979 sieben Heilige: evtl. eine Assoziation zu den sieben Planeten
980 König des Friedens: Christus

IV 11. d) Die Prophezeiung über das Letzte Gericht

In diesem Text finden sich viele Elemente aus dem Neuen Testament einschließlich der Apokryphen sowie Motive aus irischen Texten, aus Texten von Beda dem Ehrwürdigen, alten englischen Dichtungen und spätmittelalterlichen Mysterienspielen.

Deus,[981] Gott, Schöpfer,
König, der den vielen Stärke gibt,
Jesus Christus, der alles sieht,
dem der strahlende Ruhm gebührt –
es kann kein Mächtigerer gefunden werden –
verlasse mich nicht ohne daß ich
einen Anteil an Deiner Lobpreisung habe.
Es ist niemals einer wie Du
in diese Welt gekommen, Herr –
es ist niemals einer gekommen und es wird niemals einer kommen,
der Dir, Gottheit, gleicht.
Es wurde niemals einer unter uns geboren,
der Gott gleich wäre.
Er findet keinen,
der ihm gleich wäre –
nicht über dem Himmel und nicht unter ihm –
es gibt keinen Herrn wie ihn
über der See oder unter ihr.
Er ist es, der uns erschaffen hat.

Wenn deus[982] kommen wird,
wird er großen Aufruhr mit sich bringen.
Voller Zorn sind an dem Letzten Tag
die Boten des Aufruhrs:
Wind, Meer und Feuer,
Blitz und Donner.
Schneeweiß[983], der gesegnete Sohn –
die Heere der Welt werden stöhnen,

---

981 deus (lateinisch: „Gott"): Gott Vater
982 deus (lateinisch: „Gott"): Gott Vater
983 Schneeweiß: Christus – weil er strahlt? Dann wäre dies ein ähnlicher Name wie „Taliesin", der „mit der strahlenden Stirn" bedeutet. Auch der keltische und der germanische Sonnengott werden „Weißer, Strahlender" genannt.

die Sonne wird verborgen sein,
Leviathan[984] steigt aus der Tiefe auf,
das Meer und die Sterne werden verborgen sein,
wenn der pater[985] herabsteigt,
um zu den Völkern zu sprechen,
Hörner erklingen bis hin zu den vier Enden der Welt.
Wenn die See in Flammen steht,
werden die Bewohner der Welt brennen
im Angesicht seines großen Zorns.
Der Tag des Gerichts ist schon zu sehen!
Wehe denen, die zu ihm gerufen werden!
Die Hügel werden bersten,
der Himmel wird einstürzen.
Ein roter Wind[986] erhebt sich,
aus seinen Ketten befreit,
bevor die Welt niedergeworfen wird,
so wie sie am Anfang der Schöpfung gewesen ist.
St. Petrus verkündete ihn,
den letzten Tag;
„An einem Samstag, “ sagt er,
„wird die Welt zu einem Schmelzofen werden;
an einem Samstag wird der Herr
dies ohne Zögern uns antun. “
Das Wetter der Welt wird so sein:
Der Wind wirft Bäume nieder,
ruft große Verwirrung hervor.
Wenn die Berge brennen,
wird es einige geben, die singen;
Hörner werden zu seinem Ruhm erklingen.
Der Mächtige wird alles brennen lassen –
Meer, Land und See.
Es wird Zittern und Schrecken geben,
wenn sich die Erde aufbäumt,
jeden Ort in die Höhe hebt –
und auch die Toten in ihren Steinhäusern,[987]

---

984 Leviathan: Seeungeheuer in der jüdisch-christlichen Überlieferung
985 pater (lateinisch: „Vater“): Gott Vater
986 roter Wind: entweder ein „tödlicher Wind“ („rot“ = „Blut“) oder ein Wind mit rotem
    Sandstaub aus der Sahara, der manchmal auch roten Regen („Blutregen“) verursacht
987 Steinhäuser der Toten: die aus Felsen errichteten Grabkammern in den Hügelgräber

diese verborgene große Schar.
Und der See wird brennen
mit Wogen des Zorns;
Gewitter-Stürme –
wie werden wir jammern!
Doch dann: Freude inmitten von Leid,
inmitten des Zornes, der alles brennen läßt
zwischen Himmel und Erde:
Wenn die Dreieinigkeit kommt
in ihrer ganzen Pracht,
von den himmlischen Heerscharen umgeben,
dann werden sich die Völker versammeln –
Lieder und Hymnen
und die Musik von Engeln!

Sie werden aus ihren Gräbern kommen:
alle seit der Welt Anfang werden sich erheben.
Die Wölfe[988] *werden sich erheben,*
und all die Verstümmelten
und alle, die von der See getötet worden sind –
groß wird ihr Geschrei sein!

Wenn Gott kommen wird,
wird er sie aufteilen:

Gott:
„Die, die mein sind,
gehen nach rechts;
die, die von Sünden erfüllt sind,
laßt sie nach links treten.[989]
Habt ihr es durch eure Worte nicht verdient,
Habt ihr es durch eures Mundes Sprache nicht verdient,
daß ihr zu den Wassern gesendet werdet –
in die Dunkelheit, ohne Licht?"

---

988 Wölfe: Krieger
989 rechts = richtig; links = falsch

Ein Sünder:
„Einst gehörten mir weite Länder
und Menschen vieler Rassen,
mein waren hundert Länder,
hundert ganze Ernten,
hundert Erträge in dieser Welt.
Ich lebte nicht ohne Kampf,
es gab vielen bitteren Streit
zwischen mir und meinen Verwandten.
Es gab viel Zorn
zwischen mir und meinen Nachbarn.
Es gab viel Gewalttätigkeit
zwischen mir und den Armen. "

Christus:
„Wer auch immer mir dies antut,
wird niemals mein sein.
Er führte mich zum Kreuz
sodaß ich leiden mußte.
Er führte mich zu dem Baum, [990]
Er beugte mein Haupt nieder.
Schau auf meine beiden Füße –
wie arg sind ihre beiden Wunden!
Siehe: Wie schmerzvoll
sind die Knochen meiner Füße!
Schau auf meine beiden Arme
und die Last, die sie tragen.
Schau auf meine beiden Schultern –
wie verzerrt sie sind!
Schau auf die Nägel,
die mein Herz durchstechen!
Schau auf die Stichwunde
zwischen meinen beiden Augen!
Schau, was geschehen ist:
Eine Krone aus Dornen auf meinem Haupt!
Ihr alle – seht,
wie geschickt euer Handwerk ist!
Für euch wird es keine Gnade geben –

----

990 Baum: Kreuz

wegen meiner Wunden und Speerstiche."

<u>Die Sünder:</u>
„Oh Herr, wir wußten nicht,
daß Du es bist, den wir kreuzigen!
Herr des Himmels und aller Länder,
Wir wußten nicht,
daß Du Christus bist!
Wenn wir es gewußt hätten,
wären wir Dir nicht nahegetreten!"

<u>Christus:</u>
„Kein Leugnen wird angenommen werden
von der Schar der Verfluchten!
Ihr habt getan, was böse ist,
im Angesicht Gottes.
Hunderttausend Engel
sind meine Zeugen,
die sich um mich versammelt haben,
nachdem ich aufgehangen worden bin
an dem Blut-durchtränkten Kreuz,
als ich mich selber heilte.[991]
Der Himmel erzitterte,
als ich 'Eli!'[992] *ausrief*
zu dem Gott hoch oben.
Singt, ihr beiden Johannes,[993]
ihr beiden, die ihr den Weg vor mir gegangen seid,
mit zwei Bücher in euren Händen,
habt ihr laut vorgelesen,
bis der große Ruhm kam.[994]
Laßt ihn sprechen, der gesprochen hat,
und möge Vergeltung über euch kommen,
die euren wilden Worten angemessen ist.
Möge der Blitz euch treffen
und euch in die Hölle verdammen!"

---

991 sich selber heilen: Auferstehung
992 Eli (aramäisch: „Gott"): Gott Vater
993 zwei Johannes: vermutlich Johannes der Apostel und Johannes der Evangelist
994 großer Ruhm: vermutlich Christi Auferstehung

Jesus Christus in der Höhe
kam herab um hier unten zu leben.

Tausend Jahre sind vergangen
seit er in der Welt gelebt hat;
und zweitausend Jahre vor dem Kreuz[995]
sah Henoch[996] Visionen.
Narren erkennen nicht,
daß ihr Wesen verdorben ist.
Du hast diese Welt geehrt –
ein Wunder ist das! –[997]
doch ein Jahrtausend des Trübsals
wird Dein Leben in der Ewigkeit sein.[998]

---

995 Kreuz: Kreuzigung
996 Der Prophet Henoch lebte nicht 2000 Jahre vor Christus, sondern wahrscheinlich in der
   zeit der jüdischen Propheten, die von ca. 700 v.Chr. bis 500 v.Chr. gedauert hat. Der Bibel
   zufolge ist er der Urururenkel von Adam und Eva.
997 Diese und die vorige Zeile beziehen sich auf Christus.
998 Diese und die vorige Zeile beziehen sich auf einen Sünder.

IV 11. e)   Viele an der Zahl sind die Heiligen

Offensichtlich hatte der Dichter dieses Liedes das Anliegen, seine geographische Gelehrsamkeit zur Schau zu stellen und einen großen Eindruck auf seine Zuhörer zu machen …

Apostel und Märtyrer,
Jungfrauen, Witwen mit gutem Ruf
und Salomon, der über Gott nachdachte –
eure Tugenden sind ein heiliger Pfad für heilige Menschen.
Und sie kommen zu mir, eine harmonische Schar,
bis meine eigenen Tugenden sicher beschützt sind!

Eine Vielzahl von ihnen, in ihren reinen und heiligen Reihen,
die strahlenden Säulen der Kirche;
und all diese Wortführer, über die gesprochen wird,
von denen, die in heiligen Büchern etwas über sie erfahren haben.
Im Angesicht des grausamen und verdammten Gesindels:
Möge meine Seele sicheren Schutz finden!

Es gibt viele – Erretter der Völker! –
die in den eisigen Ebenen der Hölle leben.
…[999] bis zu der Welt fünftem Zeitalter,[1000]
bis Christus sie aus ihrer Sklaverei befreit
und sie aus der unergründlichen Tiefe befreit:
Viele wurden durch Gottes Einsatz[1001] gerettet!

Zweitausend Söhne aus Leas Linie[1002]
die zwei Jahre alt und jünger waren,
wurden von … … …[1003] getötet.
Ein Überfluß … … …[1004]
Rachels[1005] schöne Sippe litt unter dieser Plage,

---

999 Lücke im Text
1000 fünftes Zeitalter: das Zeitalter nach dem Letzten Gericht
1001 Gottes Einsatz: Christi Selbstopfer
1002 Lea: Jacobs Frau und somit (mythische) Ahnfrau aller Israeliten
1003 Kindermord durch Herodes
1004 Lücke im Text
1005 Rachel: Jacobs Nebenfrau; sie klagt im Neuen Testament über den Mord an den Kindern

als sie[1006] nach Jerusalem kam.

Viele an der Zahl sind die Heiligen von Britannien
und viele gehören zu Touraine,[1007]
zu Tarsus[1008] jenseits von Rom,
zu Apulia[1009] und Alexandria[1010],
Arabien und Indien.
Die Welt ist dreifach geteilt:
Asien, Afrika, Europa.

Viele an der Zahl sind die Heiligen von Kapernaum[1011]
am See und von Nain[1012],
von Zebulon[1013] und Jishin[1014],
von Niniveh[1015] und Naphtali[1016],
Tiberias[1017] und Chorazin[1018] –
dort wurde Christus vorhergesagt, der Sohn der Maria, der Tochter des Joachim,
und wir gehören zu den Nachkommen dieser großen Linie.

Viele an der Zahl sind die Heiligen von Jericho[1019],
von Marias weitberühmter Burg,
von den vielen Völkern in der Kirche von Siloam[1020] besungen;
von Caesarea[1021] mit seinem runden Palast,

---

durch Herodes; Rachels Sippe: Israeliten
1006 sie: die Plage, d.h. die Auftragsmörder des Herodes
1007 Touraine: Gebiet im nordwestlichen Zentralfrankreich
1008 Tarsus: Ort an der Südküste der Türkei
1009 Apulia: Gegend in Süditalien
1010 Alexandria: Stadt im Nildelta
1011 Kapernaum: Ort in Israel am Ufer des Sees Genezareth
1012 Nain: Stadt südwestlich des Sees Genezareth
1013 Zebulon: einer der Söhne des Jakob und der nach ihm benannte Teil im Norden Israels
1014 Kishon: Ort bei Haifa in Israel an der Mittelmeerküste
1015 Niniveh: 5000 Jahre alte Stadt in Nordirak
1016 Naphtali: einer der Söhne des Jakob und der nach ihm benannte Teil im Norden Israels
1017 Tiberias: Ort in Israel am Ufer des Sees Genezareth
1018 Choarazin: Dorf bei Kapernaum in der Nähe des Sees Genezareth
1019 Jericho: 12.000 Jahre alte Stadt an der Mündung des Jordans in das Tote Meer
1020 Siloam: Ort bei Jerusalem in Israel
1021 Caesarea: Stadt an der nordisraelischen Mittelmeerküste

von Ammonitern[1022] und Moabitern[1023]
und den Tälern von Beersheba[1024]
und – bevor es ein Glaubensbekenntnis gab – von den Märtyrern von Karthago[1025].
Herolde für die weite Welt
sind die, die Griechisch und Hebräisch
und Latein sprechen – inbrünstige Menschen.

Viele an der Zahl sind die Heiligen, die leuchtenden Vorbilder,
tapfere Männer, deren Gesellschaft wundervoll ist,
voller Lobpreisungen in der Gegenwart des königlichen[1026] Glanzes,
Krieger des Geliebten[1027], sein Gefolge.
An engen Orten und an weiten, zu allen Zeiten der Not:
Mögen sie unsere Zuflucht sein – für Seele und Leib.

Viele an der Zahl sind die Heiligen von Nicomedia[1028]
und der Insel von Ceylon.
Viele an der Zahl sind die Heiligen und die Seligen,
ein Fluß an Wein – von den Menschen hingeschlachtet[1029].
Und das Gewicht ihrer Ehre bittet für uns.
Gott hat die Heiligen unter die Sterne versetzt.

Viele an der Zahl sind die Heiligen, die die Grenzen bewachen:
Effectus re inferior
a superare superior.[1030]
Hermon[1031] und Tabor[1032],
das Tal des Aenon[1033] und Soar[1034],

1022 Ammoniter: mit den Israeliten verwandtes Volk, das von einem Neffen Abrahams abstammt; ihre Hauptstadt war das heutige Amman in Jordanien
1023 Moabiter: Volk im Osten des Toten Meeres
1024 Beersheba: israelische Stadt im Südwesten des Toten Meeres
1025 Karthago: das heutige Tunis in Tunesien
1026 königlich: göttlich
1027 Geliebter: Christus
1028 Nicomedia: Stadt an der türkischen Seite des Bosporus
1029 hingeschlachtet: Märtyrer
1030 Effectus re inferior a superare superior: Dinge werden hier unten geschehen wegen dem Sieg oben.
1031 Hermon: Gebirge zwischen Israel, Syrien und Libanon
1032 Tabor: einzelner Berg südöstlich des Sees Genezareth
1033 Aenon: Ort in Israel, an dem Johannes getauft wurde
1034 Soar: vermutlich ein Ort in Israel

Groß-Karthago und Klein-Karthago
und die Insel-Völker im Mittelmeer.

Viele an der Zahl sind die Heiligen von Britannien
und von Irland, diesem lieblichen Reich –
ihre Taten sind von ruhmreich großer Zahl,
sie glaubten zusammen mit uns an Gott und dienten ihm.

Viele an der Zahl sind die Heiligen, die sich nach dem Hof des Himmels[1035] sehnen,
o Gott, Gewährer der Prophezeiungen.
In allen Ländern halten sie ihre Fastenzeiten,
sie lebten überall im weiten Weltenkreis.
Und groß ist die Zahl der Menschen, die vorhersagten,
daß Christus kommen wird, obwohl sie vor ihm lebten.

Viele an der Zahl sind die Heiligen des Ostens
und die Gefährten des Volkes von Judäa[1036] –
die, die Griechisch und Hebräisch
und Latein sprechen – inbrünstige Menschen.

Sieben mal zwanzig und sieben mal hundert Heilige,
sieben mal tausend und siebzig mal zwanzig –
eine große Anzahl versammelt sich im November,[1037]
die durch ihre Märtyrerschaft glücklich geworden ist.
Fünfzehn mal zwanzig Heilige waren dort,
und dreitausend kleine Kinder.[1038]
Die Heiligen singen laut im Dezember –[1039]
sie starben für Jesus.
Zwölftausend versammelten sich um ihn,
fanden Glauben durch die Worte des Johannes;
sie beten und sie haben sich ihren Platz
im Himmel verdient, in den sie gelangt sind.
Dort sind neuntausend Heilige,
die die Taufe, das Glaubensbekenntnis und die Beichte angenommen haben

---

1035 Hof: Königshof; Hof des Himmels: Gottes Reich
1036 Juda, Judäa: ein Teil Israels, der nach dem Stamm Juda benannt worden ist; er liegt
    westlich des Toten Meeres
1037 November: Allerheiligen am 1. November
1038 3000 Kinder: möglicherweise die Kinder, die Herodes töten ließ
1039 Dezember: Jul/Weihnachten = Christi Geburt

um den Schmerzen derer zu entkommen, die im Höllenfeuer leben –
in der Hölle, die eisigen Schutz gibt.[1040]
Doch wenn Gott es so gefügt hat,
wird unser Wohlergehen durch Petri[1041] Autorität gesichert werden.

Qui venerunt angli[1042]
In natale Domini
Media nocte in laudem
Cum pastoribus in Bethleezn.
Nivem anghi de celo
Cum Michaele archanglo
Qui precedunt precelio
Erga animas in mundo
Am nivem nivem angeli.
Precedunt confirmati
Vnistrati baptizati
Usque in diem judicii.
Quando fuit Christus crucifixus ut sibi
Ipse placuisset venissent ibi in auxilium
Plusquam duodecim legiones angelorum.
Toto orbe terrarum.
Jesus Christus videntem in agonia in mundo.
Ut sint nostri auxiium
Duodecim milia miiantein
Ante tribunal stantern.

1040 Das Motiv der eisigen Hölle stammt natürlicherweise von den im hohen Norden lebenden Völkern, für die die Kälte weit bedrohlicher ist als die Hitze.

1041 Petrus ist der Wächter am Himmelstor.

1042 Diese lateinische Passege steht ziemlich zusammenhangslos in diesem Text und ist
   vermutlich durch den Irrtum eines Schreibers hierhin geraten.
   Übersetzung: *Die Engel, die zu der Geburt des Herrn gekommen sind, um um Mitternacht
   zusammen mit den Hirten von Bethlehem Lobpreisungen zu singen – sind dies nicht die
   Engel aus dem Himmel, die, die mit dem Erzengel Michael zu der Schlacht für die Seelen
   in dieser Welt vorrücken? Sind es nicht dieselben Engel, die die Gesegneten anführen, die,
   denen vergeben worden ist, die Getauften, bis der Letzte Tag anbricht? Als Christus
   gekreuzigt worden ist, da wären, wenn es ihm beliebt hätte, mehr als zwölf Legionen von
   heiligen Engel aus der gnazen Welt ihm zu Hilfe geeilt, da sie die Qual von Jesus Christus
   in dieser Welt gesehen haben. Möge daher unser Beistand ebenfalls zwölftauend Engel-
   Krieger sein, die vor dem Richterstuhl stehen und Lobpreisungen darüber, was Du, König
   der Könige, getan hast, singen.*

Qui laudantie laudantium
Tues mores rex regum.

Viele sind dort und werden dort sein,
über dem Himmel und unter ihm, viele sind dort,
und viele, die von ganzem Herzen glauben,
die durch den Willen Gottes glauben,
viele überall in der Welt – durch die Geschenke, die Du gabst.
Sei freundlich zu uns, zorniger Gott.
Möge ich Dich nicht erzürnen, laß mich freudevoll sein.
Eine jegliche verlorene Seele schreit auf in Pein,
die, die in Not sind, flehen inniglich,
doch die mit einem gelassenem Geist krächzen nicht klagend.
Ich bin die ruhelose Geschäftigkeit dieser Welt leid –
ich werde, wenn ich in meinem Grab liege,
von der Fülle von Gottes Schutz singen,
von den Gedenk-Lieder, die an der Märtyrer Gräber gedichtet wurden,
sicher in dem Gedenken an die Heiligen.
Mögen mir meine sündenvollen Worte
keine größeren Dinge bringen als denen, die mich hören.

IV 11. f)   Der grausame Herodes

Zu dem grausamen Herodes kam
die Freude des Ruhmes –
doch großes Leid geschah
durch Herodes' Taten,
als er Jesus betrog.[1043]
Er erzittert in Schrecken,
die Erde selber erbebt,
der Boden erhebt sich,
zitternd fällt die Erde,
und die Christenheit bebt,
als mit einem großen Sprung
der grausame Herodes wegen seiner Taten
in den Sumpf geworfen wird
unter die vielen Erfrierenden,[1044]
in die Tiefe der Hölle!

1043 betrügen: Dies ist vermutlich eine Anspielung auf die Ermordung der Kinder kurz nach
    Jesus' Geburt, durch die Herodes vermeiden wollte, daß Jesus überlebte und ihm gefährlich
    werden konnte.
1044 Erfrierende: die Verdammten in der Eishölle

IV 11. g)   Die ägyptischen Plagen

Die Hebräer, die Kinder Israels, erlitten eine große Ungerechtigkeit:
Ein Heer auf ihren Spuren kam immer näher ... ...[1045]
Gott erlaubte Rache an Pharaos Volk:
Von zehn Plagen gequält bevor sie in der Tiefe des Meeres ertränkt wurden.
Die erste Plage tötete die Fische auf eine grausame Weise.[1046]
die zweite Plage: Frösche – ein zahlloses Unheil,
das in den Häusern und Heimen, Schlafräumen und Küchen stank.
Die dritte war Fliegen – böse Bisse, die den Tod brachten.
Die vierte[1047] war Schmerzen durch Maden;
dann vernichteten Schwärme von Wespen Wälder und Felder.
Die fünfte tötete die Tiere aller Ägypten-Söhne –
die Herden verendeten zur Verzweiflung der Einwohner.
Die sechste – das ist keine Lüge – eiternde Blasen, die große Narben gaben
Die siebte war Donner und Hagel und Feuer und schrecklicher Regen,
ein heftiger Sturm ... ... auf Laub und Bäumen.[1048]
Die achte waren Heuschrecken, lärmend, sie fraßen alle Blüten.
Die neunte war Schrecken, fürchterliche Verwüstung, Nacht ohne Ende,
tiefe Finsternis, das Augen der Ägypter sahen nichts mehr.[1049]
Die zehnte kam um Mitternacht: die allergrausamste Rache an des Königs Volk.[1050]
Jesus Christus ... ...[1051] Herr Christus, der nicht stürzt,
daher sind sie die Erretteten, sechshundert Krieger des Heeres der Juden.

1045 Lücke im Text
1046 weil das Wasser im Nil zu Blut wurde
1047 Der Bibel zufolge bestand die vierte Plage aus Unmengen von Fliegen – was hier durch
      Maden und Wespen ergänzt worden ist.
1048 Diese Plage erscheint in der Bibel als „feuriger Hagel"
1049 Bibel: drei Tage vollkommener Finsternis
1050 Bibel: der Tod aller Erstgeborenen
1051 Lücke im Text

IV 11. h)   Der Stamm des Jesse

Der „Stamm des Jesse" ist der Stammbaum des Jesse, der der Vater des David und somit auch der Urahn des Jesus war.

Denn nun sind alle Dinge gänzlich der Schar der Brüder[1052] zurückgegeben worden,
erkenne Christus als König an, höre nie auf, ihn zu lobpreisen,
die schöne, liebende Gott auf Mariens Schoß, wo er sich zu sein sehnt,
der Weg der Wahrheit, das vollkommene Königtum, der Quell jeglicher Sicherheit.
Der Stamm Jesse ist schließlich zu Judahs Volk gekommen;
er wird „das Licht aller" genannt – er litt so sehr für ihre Sünden,
der Herr der Gerechtigkeit, der Berg der Schönheit – seine Freundschaft ist so süß!
Und hier auf Erden in Salomos Tempel, der so fest gegründet ist,
das Kind der Verheißung, die Säule der Schlacht – er lodert flammend auf;
Die Pforte des Paradieses, Gott der Hirte, der in Harmonie herrscht.
Ich selber habe von den Mündern der Propheten gelernt, ihre tiefe Gelehrsamkeit;
wie Jesus geboren wurde, wie er seine Tage lebte.
Er bot allen Königreichen Leben an – Leben für alle.
Obwohl er alle Dinge erschuf – ich könnte dies aufzählen – wagte er alles.
Der Gnadenreiche kam mit all seinem Gefolge zu den fernsten Küsten der Erde
und zu des Meeres Einöden, als Dein Angriff auf das Böse vom Himmel herab kam.
Der Erde freigiebiger Herr, er brachte den Himmel hierher – das ist die Wahrheit.
So groß wie Dein Zorn auch sein mag, brachtest Du Gnade zu mir,
Stamm Jesses, Gnade Jesu', sie ist schön in ihrem Erblühen.
Groß war das Wunder ... ...[1053] in all seiner Macht durch Gottes eigene Gaben.
Er war der Richter – sowohl der gerechte Richter als auch der scharfsichtige Weise;
sein Urteil war treffend – wohl denen, die gehorchen, ehrbar sind, frei von Sünde.
Er ist ein Freund: sanft hält er die Geschlechter in ihrer großen Zahl,
mitfühlend ... ...[1054] zu den Scharen der Rechtschaffenen.
Er ist ein Weiser, der König, er schreitet inmitten von frohlockenden Heerscharen.
So wird er sein, sagen die Schriften, Mariens Sohns, Lobpreis gebühret dem Herrn,
dem freudevollen Sohn, der aus Gott hervorkam – so viele hat er heilig werden lassen
von Abel[1055] an – eine große Versammlung, eine Gabe der Lobpreisung!
der Gnädige aus Jesses Lenden – getötet, seine Krone blutend rot –

1052 Schar der Brüder: die zwölf Söhne des Abraham
1053 Lücke im Text
1054 Lücke im Text
1055 Abel: Sohn des Adam

dennoch wird er gleich durch die Gaben, die er gibt, als rex[1056] der Menschheit erkannt:
als neue Gabe, von dem kein Menschen-Ohr je zuvor gehört hat.
Sein Segen ist wahr – der von ihm, der uns ohne unsere Hilfe trägt.
Der Polarstern leuchtete an dem höchsten Ort oben und zog vor den Druiden[1057] her,
als sie sich auf den Weg zu ihrer wichtigen Fahrt machten, um den Sohn zu sehen
und ihm Weihrauch brachten und reines Gold aus Äthiopien.
O Gnädiger Gott, Gott, Herr über alles, rex[1058] des ... ...[1059]
Grausame König Herodes, er war von Wut erfüllt wegen dem verborgenen Herrn;[1060]
und für die, die deshalb litten, brachte der Herr der Menschheit Verluste in das Land.
Als Gott[1061] sich auf den Weg in das Land machte, durch das die Wasser des Nils fließen,
ließ Herodes, dessen Herz wie ein Schneesturm war, alle Kinder ergreifen.
Doch in der Stadt Nazareth kam keine Folter zu dem Herrn der Gnade.
O der Welt Wiederbeleber, möge ich an Deiner Gnade im Land der Heiligen[1062] teilhaben!
Der, der die Heerscharen der Engel lenkt[1063] – er gab Gott[1064] seine Geburt.

1056 rex: König
1057 Der Dichter hat bei dieser Szene der Christgeburt „Druide" anstelle von „Weise" benutzt.
1058 rex: König
1059 Lücke im Text
1060 Herodes ließ alle Kinder töten, um zu verhindern, daß der angekündige Erlöser ihm
gefährlich werden konnte.
1061 Gott: Christus
1062 Land der Heiligen: Paradies
1063 Lenker der Engel: Gott Vater
1064 Gott: Christus

IV 11. i) Die Ewige Dreieinigkeit

Die ewige Dreieinigkeit,
die die Welt erschaffen hat,
und die, nachdem die Welt erschaffen war,
Adam Geschick gab
und Eva schön machte,
segnete auch Israel,
das er erschaffen hatte, er, der den Zorn fernhält.
Es ist gut, ihn zu nennen,
es ist heilig, ihn zu preisen.
Die zwölf Stämme Israels, ruhmreich im Lobpreisen,
die zwölf Söhne Israels sind des großzügigen Gottes Schöpfung,
die zwölf Söhne Israels, alle gemeinsam geboren:
zwölf große Seelen, unbefleckt, drei Müttern geboren, [1065]
doch nur einer hat sie erschaffen: der eine Schöpfer,
der Herrscher, der frei seinen Willen tut.
Zwölf Söhne Israels, die Gott erschaffen hat,
der Wunder-Wirker, der seinen Willen tut.
Zwölf kamen hervor
durch Jesu' Geburt,
einer ist ihr Vater,
drei sind ihre Mütter.
Von ihnen kam Segen
und eine glückliche Nachkommenschaft.
Maria, die mit gutem Geschick gesegnet ist;
Christus, mein Helfer,
Herr aller Segnungen,
den ich anrufe: Mögen alle freien Menschen ihn anrufen.
Dies ist es, wie ich gedeihe –
dadurch, daß ich mit euch wiedervereint bin.

1065 In der Bibel sind es vier Mütter.

IV 2. j)   Der Stab des Moses

Gott der Herr, Gott der Herrscher, mächtig und gnädig,
dem große Lobpreisungen dargebracht wurden, führte mich durch der Wogen Aufruhr.
Das Volk Mose', höchster Herr – wehe ihren Feinden!
Der Fürst[1066] und sein Heer fanden wohlverdientes Leid ... ...[1067] –
sie flohen durch ein Wasser, das Vögel in ihrem Flug ertränkte.[1068]
Er, der die Sonne in den Westen von allen Völkern der Erde zieht;–
Du, der all die, die Du liebst, vor jeglichem Kummer bewahrst –
(fern von den Heeren, die laut schreiend in Schrecken versinken)[1069] –
er wird uns alle vor der Hölle Qualen erretten.

Gott der Herr, Gott der Herrscher, mächtig und gnädig,
Dein ist das Himmelreich; die, die Dich lieben, sind in Frieden:
es gibt kein Gemetzel, keinen Tod in Deinem Reich, o Gott,
niemand leidet Not, niemand streitet mit dem anderen.
Wenn wir dies begreifen, wissen wir, wie wir das fernhalten, was uns Schande bringt.
Euch gebühren Lieder, der heiligen Dreifaltigkeit, Lieder eines geschickten Mannes:
Dichter singen für euch – ihre Liebe für euch ist grenzenlos.

Es war kein Schaden, was Du tatest, als Du Israel in Davids Hände legtest.
Alexander war trotz der großen Schar seiner Männer
machtlos, nicht mit Dir versöhnt:
Und seine Heere, viele Legionen an grausamen Männern –
als sie in das Land kamen, war ihr Schicksal beklagenswert.[1070]
Salomon der Richter erbte das Land; er war besser als David.
Des Königs Sohn – seine Arbeiter-Gefährten konnten sich der Reichtümer gewiß sein.
Die Söhne des Jakob erfreuten sich großer Schätze in ihrem Land –
sie schlossen Frieden, sie herrschten im Einklang mit Gottes Befehlen.
Der rechtschaffende Abel, der gottgläubige Mann, nahm den rechten Glauben an,
doch sein Bruder Kain war böse, übelgesonnen.
Die Sterne sind ein funkelnder Pfad am hellen Himmel für ihre Verbündeten
und einer der Sterne verbarg die heilige Familie vor den bösen Söldnern.

1066 Fürst: Pharao
1067 Lücke im Text
1068 eine recht drastische Beschreibung des Weges durch das Meer, den Moses erschaffen
     hatte und der sich über dem Heer des Pharaos wieder schloß ...
1069 eine Anspielung auf das Heer des Pharaos, das im Roten Meer ertrank
1070 Hier ist die Eroberung von Israel durch Alexander den Großen gemeint, der in der da-
     maligen christlichen Weltanschauung als Ursache für seinen Tod angesehen worden ist.

Und der Stab des Moses, des Moses mit seinen Scharen unter Gottes Schutz –
er rötete Stirnen[1071] mit Blut, rötete den Trank ihres Herrn und Meisters[1072].
Die Sprechenden, die Schweigenden, die Weisen, die Narren – Du beschützt sie alle.
Herr, wo ist unserer Reise Ende, wo hast Du vor, uns niederzulassen?
Ich preise die seßhaften Familien in ihrer glücklichen Heimat,
ich preise den Besten jeder Art von Schutz: das Himmelszelt!
Der Herr jenes Reiches[1073] – errettete Jonas aus dem Bauch des Seeungeheuers:
Es war ein glücklicher Mann, der den Menschen von Niniveh predigte!
Eine Maid in einem fernen Land gebar, beschützt von Gott:
Ave Maria – Maria, Annas Tochter, deren Gebete so wirksam sind!
Um der Freigiebigkeit und der Gnade willen, großer König der Welt:
Mögen wir in der Burg des Himmels willkommen sein!

1071 Stirn: der ägyptischen Krieger
1072 Herr und Meister: Pharao
1073 Reich: Himmel

V   Kurze Texte, in denen Taliesin auftritt

Taliesin wird in späteren Werken des öfteren erwähnt – meist jedoch nur recht kurz. Neben der „Geschichte des Taliesin" und dem „Buch des Taliesin" gibt es nur noch einen weiteren Text aus der Zeit vor 1000 n.Chr., in dem über den Barden Taliesin berichtet wird.

V 1.   Texte vor 1000 n.Chr.

V 1. a)   Historia Brittonum

- 850 n.Chr. -

In jener Zeit war Talhaiarn Tataguen[1074] für seine Dichtung berühmt und ebenso Neirin[1075] und Taliesin und Bluchbard[1076] und Cian[1077], der auch Guenith Guaut[1078] genannt wird – sie waren alle zur selben Zeit in Britannien für ihre Dichtungen berühmt.

Damals herrschte der Großkönig Mailcun[1079] über die Briten in dem Land von Guenedota[1080].

1074 Talhaiarn Tataguen: Barde, lebte um ca. 550 n.Chr. in Wales
1075 Neirin (Auch: „Aneirin"): Barde, der um ca. 590 n.Chr. in Wales lebte und von dem das
    Werk „Y Gododdin" erhalten gelieben ist
1076 Bluchbard: walisischer Barde
1077 Cian: walisischer Barde
1078 Guenit Guaut: dieser Name ist ansonsten nicht bekannt
1079 Mailcun: König Maelgwn aus der „Geschichte des Taliesin"
1080 Guenedota: das Reich Gwynedd in Nordwest-Wales

V 2.   Texte aus der Zeit von 1000-1250 n.Chr.

V 2. a)   Das Gespräch zwischen Merlin und Taliesin

- 1050 n.Chr. -

In diesem Gedicht sagt Merlin in der letzte Zeile: *„Da ich, Merlin, gleich auf Taliesin folge, laßt meine Vorhersagen allgemein bekannt werden!"* Ob damit eine Rangfolge, eine zeitliche Folge, ein Lehrer-Schüler-Verhältnis oder einfach ein Vergleich des Bekanntheitsgrades gemeint ist, ist nicht klar ersichtlich, aber es drückt doch eine Wertschätzung des Merlin für Taliesin aus, die auch eine Unterordnung beinhaltet.

V 2. b)   Die Sprüche des Weisen

- 1050 n.Chr. -

In den keltisch-lateinisch-germanischen „Sprüchen des Weisen" wird Avaon als Sohn des Taliesin genannt.

V 2. c) Vita Merlini

- 1150 n.Chr. -

In seiner „Biographie des Merlin schreibt Geoffrey von Monmouth, daß sich Merlin und Taliesin einst getroffen und ihr Wissen ausgetauscht haben. Dort wird allerdings nichts Konkretes über Taliesin berichtet.

Merlin wollte nun wieder in den Wald zurückkehren, aber seine Schwester wollte ihn zurückhalten. Schließlich sagte er seiner Schwester, daß sie ihm ein Haus mit siebzig Türen und siebzig Fenstern und siebzig Schreibern in ihm errichten solle, in das sie ihm in der Winterszeit zu Essen bringen könne.[1081]

Aber vom Frühling bis zum Herbst werde er weiter die Wälder durchstreifen. Ganieda ließ ihrem Bruder sofort ein solches Haus im Wald errichten.

Dort ging Merlin im Winter auf und ab und betrachtete die Sterne und die Zukunft der Menschen. Die Dinge, die er sah, erzählte er seiner Schwester (und die Schreiber schrieben sie nieder). Er sah und berichtete in allen Einzelheiten die Geschichte der Könige von Britannien. Diese Visionen hatte er auch schon König Vortigern erzählt, als dieser Merlin um Hilfe bat, als die beiden Drachen in dem See unter Vortigerns Turm miteinander kämpften und den Turm immer wieder zum Einsturz brachten.

Einmal, nachdem er seiner Schwester von diesen Dingen erzählt hatte, sandte er sie schließlich heim und sagte ihr, daß ihr Mann Rydderch im Sterben liege. Er bat sie, Taliesin zu ihm zu senden, der aus der Bretagne zurückgekehrt sei, wo er die Lehren des Gildas des Weisen erlernt habe. Ganieda kehrte zurück an den Hof von Cumberland und trauerte sehr um ihren Mann. Nach einiger Zeit kehrte sie in den Wald zurück und blieb ganz bei ihrem Bruder Merlin.

Taliesin traf bald bei Merlin ein und beide erzählten sich gegenseitig ihr Wissen über die Erschaffung der Welt, das Wesen der einzelnen Tiere, Fische und Vögel, die Geschichte der Völker in Britannien und deren Zukunft und über auch über die Apfelinsel Avalon, zu der die Toten reisen, und die auch die „Insel der Glückseligkeit"[1082] genannt wird. Dort wächst alles von alleine und niemand braucht die Felder und Obstgärten zu bestellen. Dort herrschen in Frieden die neun Schwestern: Göttinnen von großer Schönheit, deren oberste Morgan die Geflügelte ist. Auf diese Insel brachte Merlin auch den verwundeten Artus, der dort von Morgan geheilt wurde.

Da kam einer der Diener zu Merlin und Taliesin gelaufen und berichtete, daß am

---

1081 „70": unbekannte Symbolik
1082 Insel der Glückseligkeit: Avalon, Tir nana og = Jenseitsinsel im Westen (Germanen: „Walaskialf"; Griechen:„Atlantis")

Fuße des Berges eine neue Quelle aufgebrochen sei. Merlin und Taliesin eilten sofort dorthin und priesen dies Wunder. Als Merlin von dem Wasser trank, verschwand der letzte Rest von seiner Verrücktheit, die durch den Schmerz über den Verlust seiner drei Brüder und seiner Freunde in der Schlacht gegen die Schotten entstanden war. Merlin dankte dem höchsten Gott für diese Heilung.[1083]

Verwundert frug er Taliesin, was für eine Quelle dies wohl sein möge. Daraufhin erzählte Taliesin ihm die Qualitäten der Flüsse im Allgemeinen und die Qualität jedes einzelnen Flusses, den er kannte, im Besonderen.

Als das Volk von Südwales, dessen König Merlin einst gewesen war[1084], von seiner Genesung hörte, baten sie ihn, wieder ihr König zu sein, aber Merlin lehnte ab und erzählte ihnen von einer uralten Eiche im Wald, von der er noch die Eichel kannte, aus der sie gewachsen war ... und daß er nun schon viel zu alt sei, um König zu sein, und daß er nichts lieber wolle, als im Wald von Calidon[1085] zu leben.

Als er zu sprechen geendet hatte, kam ein Mann aus dem Wald gerannt, der nicht mehr bei Sinnen war und wie ein wilder Keiler brüllte und sie angreifen wollte. Die Männer fingen und banden ihn und als Merlin ihn genauer betrachtete, erkannte er ihn als seinen früheren Gefährten Maeldinus[1086] wieder.

Sie waren einst zu mehreren auf der Jagd gewesen, als sie zu einer Quelle am Fuße einer alten Eiche kamen und dort zu rasten beschlossen. Dort fanden sie einige Äpfel liegen und einer der Begleiter, der sich lachend über diese unerwartete Speise freute, sammelte sie und gab sie Merlin, seinem Herrn. Dieser verteilte sie an die anderen und ging dabei leer aus, da es ein Apfel weniger als Männer war. Sobald die Männer von den Äpfeln gegessen hatten, wurden sie verrückt und bekamen Schaum vor dem Mund und bissen einander und rannten schließlich in die Wildnis davon. Die Äpfel waren von einer Frau dorthin gelegt worden, von der sich Merlin getrennt hatte und die ihn nun aus Eifersucht zu töten versuchte.[1087]

Merlin gab dem wiedergefundenen Gefährten von einst von dem Wasser der neuen Quelle zu trinken, woraufhin dieser wieder zu Sinnen kam und Merlin sofort erkannte.

Ganieda, die bei Merlin lebte, hatte ebenfalls die Sehergabe und beteiligte sich an den Gesprächen zwischen Taliesin und Merlin.

1083 Die Verrücktheit ist eine Umdeutung der Jenseitsreise bei der Einweihung.

1084 Hier ist Merlin vom Druiden zum König umgedeutet worden.

1085 Calidon: Schottland

1086 Maeldinus: er ist nur aus dieser Geschichte bekannt; evtl. eine Variante von „Myrrdin" (Merlin)

1087 Hier ist die hilfreiche Jenseitsgöttin mit ihren Wiedergeburts-Äpfeln bereits zur gefürchteten Jenseitsherrin mit den Todesäpfeln geworden.(Kelten: Äpfel der Apfelinsel Avalon; Germanen: Lebens-Äpfel der Idun, Todes-Äpfel der Hel; Griechen: Äpfel der Hesperiden; Slawen: Todes-Apfel der Sonne; Märchen: Apfel von Schneewittchens Stiefmutter)

V 2. d) Branwen, Tochter des Llyr

- 1200 n.Chr. -

In dieser Geschichte kehrt Taliesin als einer von wenigen Überlebenden in seine Heimat zurück.

Llyr ist der Sonnengott Lugh. Der Name „Branwen" bedeutet „weiße/helle Frau". Dies ist wieder ein Hinweis auf den Zusammenhang zwischen Taliesin und dem Sonnengott.

V 2. e) Die Geschichte über Culhwch und Olwen

- 1200 n.Chr. -

In dieser Geschichte erscheint Taliesin im Gefolge von König Artus – diese Zusammenstellung ließ sich im Mittelalter gar nicht vermeiden …

V 2. f) Der Fluch des Taliesin

- 1200 n.Chr. -

Diese Verse stammen aus dem Mabinogion. In ihnen verflucht Taliesin den Fürsten Maelgwn bzw. weissagt dessen Zukunft – was damals kaum unterschieden wurde.

Ein sehr seltsames Wesen wird kommen,
aus dem Marschland von Rhianedd[1088],
als Strafe für die Gräueltaten
des Malgwn Gwynedd;
sein Haar und seine Zähne
und seine Augen sind wie Gold
und es wird Zerstörung bringen
zu Maelgwn Gwynnedd!

1088 Rhianedd: Ort an der Küste von Nordwales in der Nähe von Liverpool

V 2. g)   Llywarch Prydydd Moch

- ca. 1220 n.Chr. -

Ich werde zu meinem Herrn sprechen,
von der großen, grüßenden Muse erfüllt,
mit der Erbschaft der Cerridwen,
in der Weise des Taliesin,
als er Elphin[1089] befreite,
als er die Barden-Geheimnisse
mit dem Banner der Barden verbarg.

V 2. h)   Das Schwarze Buch von Carmarthen

- 1250 n.Chr. -

Die folgenden Verse klingen, als ob sie von Taliesin gesprochen werden würden, der der Barde des Elfin gewesen ist:

Wahrlich, Elfin hat mich dazu gebracht,
meine schlichten Barden-Künste
vor einem Herrscher zu erproben.

1089 Elphin: erster Gönner des Taliesin

V 2. i) Das Schwarze Buch von Carmarthen

- 1250 n.Chr. -

Dieser Text muß relativ jung sein, da in ihm Taliesin über einen Kreuzzug spricht. Der Kontext, aus dem dieses Gespräch stammt, ist recht unklar.

Taliesin:
„Ein Reiter kehrt zur Stadt zurück
mit seinen weißen Hunden und großen Hörnern;
Ich habe Dich nie zuvor gesehen und kenne Dich nicht."

Ugnach[1090]:
„Ein Reiter kehrt zur Flußmündung zurück
auf einem starken und kriegsgeübten Roß;
Komme mit mir, weise mich nicht zurück!"

Taliesin:
„Ich werde jetzt nicht dorthin gehen;
Trage das mit der Haltung des Verspäteten;
und möge der Segen des Himmels und der Erde auf Dir sein!"

Ugnach:
„Du, der Du mich nicht täglich gesehen hat
und der Du ein vorsichtiger Mann zu sein scheinst –
wie lange willst Du noch fern bleiben und wann wirst Du kommen?"

Taliesin:
„Wenn ich von Caer Seon[1091] zurückkehre,
vom Streit mit den Juden,
werde ich zu der Stadt des Lleu[1092] und des Gwydion[1093] kommen."

1090 Ugnach: unbekannter Name und unbekannter Mann
1091 Caer Seon = Stadt Zion = Jerusalem
1092 Lleu = Sonnengott
1093 Gwydion = walisischer Zauberer, Sohn der Muttergöttin und des Totengottes, Ziehsohn des Sonnengottes; also eine ähnliche Gestalt wie Taliesin und wie der irische Held Cú Chulainn

Ugnach:
„Komm mit mir in die Stadt,
Du sollst Wein haben, den ich aufbewahrt habe,
und eine Gürtelschnalle aus reinem Gold!"

Taliesin:
„Ich kenne keinen vertrauenswürdigen Mann,
der eine Leier und eine Liege besitzt;
Du sprichst mit schönen, süßen Worten."

Ugnach:
„Komm mit mir zu meinem Haus,
Du sollst hochaufschäumenden Wein haben.
Mein Name ist Ugnach, der Sohn des Mydno[1094]."

Taliesin:
„Ugnach – ein Segen liege auf Deinem Thron!
Und mögest Du Gnade und Ehre haben!
Ich bin Taliesin, der Dir Dein Gastmahl entlohnen wird."

1094 Mydno: auch die Bedeutung dieses Namens ist unbekannt und ebenso dieser Mann

V 3. Texte nach 1250 n.Chr.

V 3. a) Iolo Manuskripte

- ca. 1800 n.Chr. zusammengestellt -

In diesem Text wird Taliesin als *„Barde des Westens"* und als einer der neun *„Tauf-Barden"* von Großbritannien bezeichnet, deren Vorsitzender er ist.

V 3. b) Iolo Manuskripte

- ca. 1800 n.Chr. zusammengestellt -

Taliesin, Haupt der Barden, der Sohn des Heiligen Henwg[1095] von Caerlleon[1096] am Usk[1097], wurde an den Hof von Urien Rheged[1098] in Aberllychwr[1099] eingeladen.

Er und Elffin, der Sohn von Urien[1100], fischten einst in einem Fellboot auf See und wurden dabei von einem irischen Seeräuber auf einem Schiff ergriffen und nach Irland verschleppt. Doch als die Piraten auf dem Höhepunkt ihres trunkenen Festes waren, ließ Taliesin sein Fellboot ins Meer hinab, stieg hinein und ruderte das Fellboot mit einem Schild in der Hand, das er im Schiff gefunden hatte, bis er in die Nähe des Landes kam.[1101]

Doch die Wellen brechen sich dort in so wilder Gischt, daß er den Schild aus seinen Händen verlor, sodaß er keine andere Wahl hatte, als sich von der Gnade des Meeres treiben zu lassen. So fuhr er für kurze Zeit weiter, bis sich das Fellboot an der Spitze

---

1095 St. Henwg: walisischer Heiliger, Urenkel des Königs Vortiegern und somit Großneffe
    von König Artus, geboren um ca. 487 n.Chr.
1096 Caerlleon („Löwenburg"): Dorf in der Nähe des Bristolkanals gegenüber von Bristol
1097 Usk: Fluß, der gegenüber von Bristol in den Bristolkanal mündet
1098 Urien Rheged: Urien von Rheged, Gönner des Taliesin
1099 Aberllychwr: Ort im Nordosten der Halbinsel Gower
1100 Urien: Fürst von Rheged
1101 Hier ist die Reise durch die Wasserunterwelt bei der Einweihung des Taliesin schon zu
    einer normalen Seefahrt geworden.

eines Pfahls im Wehr von Gwyddno[1102], Herr von Ceredigion[1103] in Aberdyvi[1104] verhakte. Dort blieb er, bis er bei Ebbe von den Fischern von Gwyddno gefunden, die ihn befrugen.

Als sie hörten, daß er ein Barde und der Lehrer von Elffin, dem Sohn von Urien Rheged, dem Sohn des Cynvarch, war, sprach Gwyddno: „Auch ich habe einen Sohn namens Elffin", sagte er, „sei auch ihm ein Barde und Lehrer. Dann gebe ich Dir Land in freier Pacht."

Taliesin nahm die Bedingungen an und teilte für mehrere aufeinander folgende Jahre seine Zeit in den zwischen den Höfen von Urien Rheged und Gwyddno, genannt Gwyddno Garanhir[1105], Herr der Flachland-Grafschaft, auf.

Doch nachdem das Gebiet von Gwyddno vom Meer überflutet worden war, wurde Taliesin vom Kaiser Artus an seinen Hof in Caerlleon bei Usk eingeladen, wo er für seine Dichtkunst und sein nützliches, verdienstvolles Wissen hoch geschätzt wurde.

Nach Artus' Tod zog er sich auf das ihm von Gwyddno überlassene Anwesen zurück und nahm Elffin, den Sohn des Fürsten, unter seinen Schutz.

1102 Gwyddno: walisische Sagengestalt, Herrscher an der Westküste von Wales
1103 Ceredigion: Fürstentum an der Westküste von Wales
1104 Aberdyvi: Ort an der Mündung des Flusses Dyfi an der Küste von West-Wales
1105 Gwyddno Garanhir: („Gwyddno Kranichbein"): walisische Sagengestalt, Herrscher an der Westküste von Wales

V 4. Texte mit unbekannten Alter

V 4. a) Coychurch Manuskripte

- Alter unsicher -

In den Coychurch Manuskripten wird Taliesin als der Sohn des Sankt Henwg[1106] von Caerlleon[1107] angesehen. Dieser Stammbaum ist zwar vermutlich eine eher späte und ausgesprochen phantasievolle Zusammenstellung von berühmten walisischen Namen, aber immerhin wird Taliesin noch immer in der walisischen und keltischen und indo-germanischen Tradition auf den Sonnengott zurückgeführt, der hier als König Llyr erscheint.

Taliesin, Anführer der Barden des Westens,
der Sohn des Sankt Henwg von Caerlleon am Usk,[1108]
der Sohn des Fflwch,[1109]
der Sohn des Cynin,[1110]
der Sohn des Cynvarch,[1111]
der Sohn des Sankt Clydawc von Ewyas,[1112]
der Sohn des Gwynnar,[1113]
der Sohn des Caid,[1114]
der Sohn des Cadren,[1115]
der Sohn des Cynan,[1116]

1106 St. Henwg: walisischer Heiliger, Urenkel des Königs Vortigern und somit Großneffe von König Artus, geboren um ca. 487 n.Chr.

1107 Caerlleon („Löwenburg"): Dorf in der Nähe des Bristolkanals gegenüber von Bristol

1108 Usk: Fluß, der gegenüber von Bristol in den Bristolkanal mündet

1109 Fflwch: unbekannter Mann

1110 Cynin: unbekannter Mann

1111 Cynvarch: König von Rheged, um 440 n.Chr. geboren

1112 St. Clydawg von Ewyas: Heiliger und König eines kleinen walisischen Reiches, um ca. 450 n.Chr. geboren (er kann somit kaum acht Generationen von König Vortigern entfernt sein, der zu seiner Zeit noch gelebt hat ...)

1113 Gwynnar: unbekannter Mann

1114 Caid: unbekannter Mann

1115 Cadren: unbekannter Mann

1116 Cynan: vermutlich König von Cynan, einem walisischen Kleinkönigs-Reich

der Sohn des Cyllin,[1117]
der Sohn des Caradog,[1118]
der Sohn des Bran,[1119]
der Sohn des Llyr Llediaith[1120]*, Hochkönig von ganz Britannien und in direkter Abstammung König des Landes zwischen den Flüssen Wye*[1121] *und Towy*[1122]*.*

Taliesin wurde der Haupt-Barde des Westens und wurde dazu bestimmt, den Vorsitz über die Tafelrunde in Caerlleon[1123] *am Usk*[1124] *innezuhaben."*

1117 Cyllin: entweder der Heilige und letzte Großkönig („Pendragon") von Britannien, der um ca. 50 n.Chr. herrschte, oder ein Namensvetter von ihm

1118 Caradog: britannischer König, gestorben um 51 n.Chr.

1119 Bran: walisische Sagengestalt, die auf den Sonnengott zurückgeht

1120 Llyr Llediaith („Llyr Halbsprache"): walisische Sagengestalt die auf den Sonnegott Lug zurückgeht

1121 Wye: der Fluß Severn in West-Wales

1122 Towy: Fluß in Südwest-Wales

1123 Caerlleon („Löwenburg"): Dorf in der Nähe des Bristolkanals gegenüber von Bristol

1124 Usk: kleiner Fluß, der gegenüber von Bristol in den Bristolkanal mündet

V 4. b)   Manuskript aus der Havod Uchtryd Sammlung

- Alter unsicher -

Dieser Stammbaum unterscheidet sich in einigen Details von dem vorigen. Auch hier ist der zum König umgedeutete Sonnengott-Göttervater Llyr Taliesins Urahn.

Taliesin, Oberster der Barden des Westens,
Sohn von Henwg dem Barden[1125] vom Kollegium des Heiligen Cadocus,[1126]
Sohn von Fflwch Lawdrwm[1127] von Caerlleon[1128] am Usk[1129] in Glamorgan,[1130]
Sohn von Cynvar,[1131]
Sohn von Sankt Clydog,[1132]
Sohn von Gwynnar,[1133]
Sohn von Cadrain,[1134]
Sohn von Cynan,[1135]
Sohn von Caradog,[1136]
Sohn von Bran dem Seligen,[1137]
Sohn von Llyr Llediaith.[1138]
*   Taliesin, Oberhaupt der Barden, errichtete die Kirche von Llanhenwg[1139] in Caer-*
lleon[1140] am Usk[1141], die er dem Andenken seines Vaters, genannt der Heilige Henwg,

---

1125 Henwg der Barde (St. Henwg): Hier wird St. Henwg ganz in der keltischen Tradition auch als Barde angesehen – was ihn als Vorfahr des Taliesin plausibler machen soll.

1126 Cadocus: walisischer Heiliger, geboren um 497 oder etwas zuvor

1127 Fflych Lawdrwm: unbekannter Mann – immerhin besitzt er einen Beinamen und muß folglich recht bekannt gewesen sein

1128 Caerlleon („Löwenburg"): Dorf in der Nähe des Bristolkanals gegenüber von Bristol

1129 Usk: Fluß, der gegenüber von Bristol in den Bristolkanal mündet

1130 Glamorgan: Bereich an der Südküste von Wales

1131 Cynvar: König Cynvarch von Rheged, um 440 n.Chr. geboren

1132 St. Clydog: St. Clydawg von Ewyas, Heiliger und König eines kleinen walisischen Reiches, um ca. 450 geboren

1133 Gwynnar: unbekannter Mann

1134 Cadrain: unbekannter Mann

1135 Cynan: vermutlich König von Cynan, einem walisischen Kleinkönigs-Reich

1136 Caradoc: britannischer König, gestorben um 51 n.Chr.

1137 Bran der Selige: walisische Sagengestalt, die auf den Sonnengott zurückgeht

1138 Llyr Llediaith („Llyr Halbsprache"): walisische Sagengestalt die auf den Sonnengott Lug zurückgeht

1139 Llanhenwg: Dorf am Usk in Süd-Wales in der Nähe der Küste

1140 Caerlleon („Löwenburg"): Dorf in der Nähe des Bristolkanals gegenüber von Bristol

1141 Usk: Fluß, der gegenüber von Bristol in den Bristolkanal mündet

widmete, der in einer Mission zu Konstantin dem Seligen nach Rom ging und ihn bat, die Heiligen Germanus und Lupus nach Großbritannien zu schicken, um dort den Glauben zu stärken und die Taufe zu erneuern.

Taliesin, der Sohn von Henwg, wurde von den wilden Iren gefangen genommen, die Gower[1142] zu Unrecht besetzten; aber als er an Bord des Schiffes auf dem Weg nach Irland war, sah er auf der Oberfläche des Meeres ein ganz leeres Boot aus Ästen und Fellen und es kam dicht an die Seite des Schiffes; woraufhin Taliesin, einen mit Haut bedeckten Holm[1143] in der Hand, in ihn hineinsprang und in Richtung Land ruderte, bis er auf einem Pfahl im Wehr von Gwyddno Garanhir[1144] feststeckte; als ein junger Häuptling namens Elphin, der ihn so verstrickt sah, ihn aus seiner Gefahr befreite.[1145]

Dieser Elphin wurde für den Sohn von Gwyddno gehalten, obwohl er in Wirklichkeit der Sohn von Elivri[1146], seiner Tochter, war, von dem man aber damals noch nicht wußte, daß es sich bei ihm um seinen Vater Urien Rheged[1147], König von Gower[1148] und Aberllychwr[1149], handelte, der ihn am Hof von Artus[1150] in Caerlleon[1151] am Usk[1152] vorstellte, wo seine Leistungen, sein Wissen und seine Begabungen als so überlegen befunden wurden, daß er zum „Ritter der Tafelrunde mit goldener Zunge"[1153] ernannt wurde.

Nach dem Tod von Artus wurde Taliesin zum Oberbarden von Urien Rheged in Aberllychwr in Rheged.

1142 Gower: Halbinsel in Südwest-Wales

1143 Holm: hier eine Astgabel o.ä., die mithilfe eines an der Gabel angebrachten Fells als Ruder benutzt werdne kann

1144 Gwyddno Garanhir („Gwyddno Kranichbein"): walisische Sagengestalt, Herrscher an der Westküste

1145 Hier ist die Jenseitsreise des Taliesin in eine Seefahrt umgedeutet worden.

1146 Elivri: ansonsten unbekannte Frau

1147 Urien Rheged: Hier ist die Ortsangabe „von Rheged" zu einer Art Nachname geworden.

1148 Gower: Halbinsel in Südwest-Wales

1149 Aberllychwr: Ort im Nordosten der Halbinsel Gower

1150 Artus: König Arthus

1151 Caerlleon („Löwenburg"): Dorf in der Nähe des Bristolkanals gegenüber von Bristol

1152 Usk: Fluß, der gegenüber von Bristol in den Bristolkanal mündet

1153 Ritter mit goldener Zunge: Barde

V 4. c) Manuskript aus der Havod Uchtryd Sammlung

- Alter unsicher -

Talhaiarn[1154], der Vater von Tangwn[1155], führte den Vorsitz im Vorsitz von Urien Rheged[1156] in Caer-Gwyroswydd[1157], nach der Vertreibung der Iren aus Gower[1158], Carnwyllion[1159], Cantrev-Bychan[1160] und dem Cantred[1161] von Iscennen[1162]. Der genannte Stuhl[1163] wurde in Caer-Gwyroswydd[1164] oder Ystum Llwynarth[1165] eingerichtet, wo Urien Rheged seinen Landes- und Königs-Hof abzuhalten pflegte,

Nach dem Tod von Talhaiarn führte Taliesin, der Oberste der Barden, den Vorsitz in drei Stühlen[1166], nämlich dem Vorsitz von Caerlleon[1167] am Usk[1168], dem Vorsitz von Rheged[1169] und in Bangor Teivy[1170], unter der Schirmherrschaft von Cedig[1171], Sohn des Ceredig[1172], Sohn des Cuneddav Wledig[1173]; aber danach wurde er in das Gebiet von Gwyddnyw[1174], dem Sohn von Gwydion[1175], in Arllechwedd[1176] in Arvon[1177] eingeladen, wo er Ländereien an ihn übertragen bekam und wo er bis zur Zeit von Maelgwn Gwynedd[1178] wohnte, als er von diesem Besitz enteignet wurde, wofür er seinen Fluch

---

1154 Talhaiarn: Barde, lebte um ca. 550 n.Chr. in Wales
1155 Tangwn: Barde, lebte um ca. 550 n.Chr. in Wales
1156 Urien Rheged: Hier ist die Ortsangabe „von Rheged" zu einer Art Nachname geworden.
1157 Caer-Gwyroswydd: vermutlich eine Festung in Rheged
1158 Gower: Halbinsel in Südwest-Wales
1159 Carnwyllion: Burg in Südwest-Wales
1160 Cantrev-Bychan: Küsten-Festung 20km südlich der Insel Angelsey
1161 Cantred: „Grafschaft"
1162 Iscennen: Inland-Festung in Südwest-Wales
1163 Stuhl: sozusagen der „Barden-Thron"
1164 Caer-Gwyroswydd: vermutlich eine Festung in Rheged
1165 Ystum Llwynarth: Küsten-Festung in Südwest-Wales
1166 drei Stühle: Ist die „3" ein Hinweis auf den Sonnengott?
1167 Caerlleon („Löwenburg"): Dorf in der Nähe des Bristolkanals gegenüber von Bristol
1168 Usk: kleiner Fluß, der gegenüber vom Brisl in den Bristolkanal mündet
1169 Rheged: Königreich an der englischen Westlüste nördlich von Wales
1170 Bangor Teivy: westwalisische Grafschaft an der Küste
1171 Cedig: evtl. der Fürst der Stadt Cedig in Mittel-Wales
1172 Ceredig: König von Ceredigion an der Westküste von Wales, um 453 n.Chr. gestorben
1173 Cuneddav Wledig: König von Gwynedd in Nordwest-Wales um ca. 420 n.Chr.
1174 Gwyddnyw: vermutlich ein Ort in Rheged
1175 Gwydion: Magier aus dem Mabinogion, Onkel des Sonnengottes Lleu
1176 Arllechwedd: Grafschaft in Nord-Wales leicht östlich gegenüber der Insel Angelsey
1177 Arvon: Stadt in Mittel-Wales
1178 Maelgwn Gwynedd: König Maelgwn von Gwynedd in Nord-Wales aus der „Geschichte

über Maelgwn und seinen gesamten Besitz aussprach; woraufhin Vad Velen[1179] nach Rhos[1180] kam, und wer es miterlebte, war dem sicheren Tod geweiht. Maelgwn sah Vad Velen durch das Schlüsselloch in der Kirche von Rhos und starb in der Folge.

Taliesin kehrte in hohem Alter nach Caer-Gwyroswydd[1135] zu Riwallon[1136], dem Sohn von Urien, zurück; danach besuchte er Cedig[1137], den Sohn von Ceredig[1138], dem Sohn von Cunnedav Wledig[1139], wo er starb und mit hohen Ehren begraben wurde, wie sie einem Mann, der zu den wichtigsten Weisen des kymrischen Volkes gehörte, immer zuteil werden sollten; und Taliesin, der Chef der Barden, war der Höchste der erhabensten Stufe, sei es in der Literatur, in der Weisheit, in der Wissenschaft des Gesangs oder in jeder anderen Errungenschaft, sei sie nun heilig oder profan.

Damit endet die Geschichte über die Ober-Barden des Stuhls von Caerlleon[1181] am Usk[1182], der jetzt der Stuhl[1183] von Glamorgan[1184] genannt wird.

---

des Taliesin", der Elfin gefangennimmt
1179 Vad Velen: „Gelbe Pest", eine Variante der Pest
1180 Rhos („Moor"): einer der vielen Orte mit diesem Namen in Wales
1181 Caerlleon („Löwenburg"): Dorf in der Nähe des Bristolkanals gegenüber von Bristol
1182 Usk: Fluß, der gegenüber von Bristol in den Bristolkanal mündet
1183 Stuhl: der „Thron" des Barden
1184 Glamorgan: Bereich an der Südküste von Wales

Bücher von Harry Eilenstein

„Magie für Anfänger"	Magie

„Magie für Anfänger"

- Telepathie für Anfänger (60 S.)
- Telepathie für Fortgeschrittene (52 S.)
- Telekinese für Anfänger (52 S.)
- Lebenskraft für Anfänger (60 S.)
- Meditation für Anfänger (56 S.)
- Hypnose für Anfänger (56 S.)
- Auto-Movement für Anfänger (56 S.)
- Chakra-Magie für Anfänger (148 S.)
- Astralreisen für Anfänger (56 S.)
- Astrologie für Anfänger (120 S.)
- Ritual-Magie für Anfänger (56 S.)
- Mandalas für Anfänger (68 S.)
- Geldzauber für Anfänger (56 S.)
- Liebeszauber für Anfänger (52 S.)
- Invokationen für Anfänger (52 S.)
- Evokationen für Anfänger (60 S.)
- Elfen für Anfänger (56 S.)
- Magie-Forschung für Anfänger (140 S.)
- Selbsterkenntnis für Anfänger (52 S.)
- Zahlensymbolik für Anfänger (60 S.)
- Die Sprache des Mondes – für Anfänger (116 S.)
- Zaubergesänge für Anfänger (100 S.)
- Zukunftschau für Anfänger (60 S.)
- Schamanismus für Anfänger (52 S.)
- Magische Gegenstände für Anfänger (68 S.)
- Astralreisen für Anfänger (56 S.)
- Da'ath-Magie für Anfänger (64 S.)
- Feng Shui für Anfänger (96 S.)
- Magie für Anfänger – Sammelband I (696 S.)
- Magie für Anfänger – Sammelband II (664 S.)

Magie

- Handbuch für Zauberlehrlinge (408 S.)
- Tarot (104 S.)
- Physik und Magie (184 S.)
- Die Magie-Formel (156 S.)
- Krafttiere – Tiergöttinnen – Tiertänze (112 S.)
- Schwitzhütten (524 S.)

Meditation

- Der Lebenskraftkörper (230 S.)
- Die Chakren (100 S.)
- Das Chakren-System mit den Nebenchakren (296 S.)
- Organe und Chakren (64 S.)
- Meditation (140 S.)
- Drachenfeuer (124 S.)
- Reinkarnation (156 S.)
- einsgerichtet (140 S.)

Astrologie

- Astrologie (496 S.)
- Photo-Astrologie (428 S.)
- Die astrologischen Aspekte (88 S.)
- Horoskop und Seele (120 S.)

Kabbala

- Kursus der praktischen Kabbala (150 S.)
- Eltern der Erde (450 S.)
- Blüten des Lebensbaumes:
    - Die Struktur des kabbalistischen Lebensbaumes (370 S.)
    - Der kabbalistische Lebensbaum als Forschungshilfsmittel (580 S.)
    - Der kabbalistische Lebensbaum als spirituelle Landkarte (520 S.)

Bücher von Harry Eilenstein

Religion allgemein	**Psychologie**

Religion allgemein

- Die sieben Schritte des Lebens (428 S.)
- Muttergöttin und Schamanen (168 S.)
- Göbekli Tepe (472 S.)
- Die Göttin von Göbekli Tepe (144 S.)
- Totempfähle (440 S.)
- Christus (60 S.)
- Dakini (80 S.)
- Vajra (76 S.)

Ägypten

- Hathor und Re 1: Götter und Mythen im Alten Ägypten (432 S.)
- Hathor und Re 2: Die altägyptische Religion – Ursprünge, Kult und Magie (396 S.)
- Isis (508 S.)

Indogermanen

- Die Entwicklung der indogermanischen Religionen (700 S.)
- Wurzeln und Zweige der indogermanischen Religion (224 S.)

Germanen

- Die Götter der Germanen (87 Bände)
- Odin (300 S.)

Kelten

- Cernunnos (690 S.)
- Taliesin (228 S.)
- Der Kessel von Gundestrup (220 S.)
- Der Chiemsee-Kessel (76)

Psychologie

- Über die Freude (100 S.)
- Das Geheimnis des inneren Friedens (252 S.)
- Das Beziehungsmandala (52 S.)
- Gefühle und ihre Verwandlungen (404 S.)
- einsgerichtet (140 S.)
- Liebe und Eigenständigkeit (216 S.)
- Von innerer Fülle zu äußerem Gedeihen (52 S.)

Heilung

- Die Symbolik der Krankheiten (76 S.)

Kunst

- Herz des Tanzes – Tanz des Herzens (160 S.)

Drama

- König Athelstan (104 S.)

Die Themen der 87 Bände der Reihe „Die Götter der Germanen"